U0663217

书山有路勤为径，优质资源伴你行

注册世纪波学院会员，享精品图书增值服务

Co-Active Coaching

The Proven Framework for Transformative Conversations at Work and in Life，Fourth Edition

共创式教练

转变对话，
蜕变人生

（第4版）

[美] 亨利·吉姆斯－霍斯(Henry Kimsey-House)　凯伦·吉姆斯－霍斯(Karen Kimsey-House)　　著
菲利普·桑达尔(Phillip Sandahl)　劳拉·惠特沃思（Laura Whitworth）

王宇｜译　叶菁｜审校

电子工业出版社
Publishing House of Electronics Industry
北京·BEIJING

Co-Active Coaching: The Proven Framework for Transformative Conversations at Work and in Life, Fourth Edition by Henry Kimsey-House, Karen Kimsey-House, Phillip Sandahl, and Laura Whitworth

ISBN: 9781473674981

Copyright © Henry Kimsey-House, Karen Kimsey-House, Phillip Sandahl, and Laura Whitworth 2018

Simplified Chinese translation edition copyright © 2020 by Publishing House of Electronics Industry.

版权贸易合同登记号　图字：01-2020-2263

图书在版编目（CIP）数据

共创式教练：转变对话，蜕变人生：第4版／（美）亨利·吉姆斯-霍斯（Henry Kimsey-House）等著；王宇译．—北京：电子工业出版社，2020.11（2025.9 重印）
书名原文：Co-Active Coaching: The Proven Framework for Transformative Conversations at Work and in Life, Fourth Edition
ISBN 978-7-121-39787-5

Ⅰ．①共… Ⅱ．①亨…②王… Ⅲ．①职业培训 Ⅳ．① C975

中国版本图书馆 CIP 数据核字（2020）第 209982 号

责任编辑：吴亚芬
印　　刷：涿州市般润文化传播有限公司
装　　订：涿州市般润文化传播有限公司
出版发行：电子工业出版社
　　　　　北京市海淀区万寿路173信箱　　邮编：100036
开　　本：720×1000　1/16　　印张：16.25　　字数：211千字
版　　次：2014年1月第1版（原著第3版）
　　　　　2020年11月第3版（原著第4版）
印　　次：2025年9月第15次印刷
定　　价：78.00元

凡所购买电子工业出版社图书有缺损问题，请向购买书店调换。若书店售缺，请与本社发行部联系，联系及邮购电话：（010）88254888，88258888。

质量投诉请发邮件至zlts@phei.com.cn，盗版侵权举报请发邮件至dbqq@phei.com.cn。

本书咨询联系方式：（010）88254199，sjb@phei.com.cn。

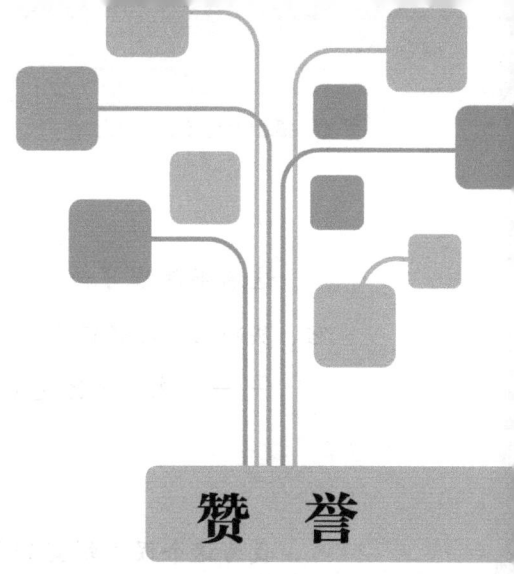

赞　誉

　　《共创式教练》第4版依旧保持"教练圣经"的地位，书中为在微妙关系中取得成功提供了其他书中所没有的理论、工具和技巧。

　　——史蒂芬·柯维（Stephen R. Covey），《高效能人士的七个习惯》
作者

　　在亨利·吉姆斯-霍斯、凯伦·吉姆斯-霍斯和菲利普·桑达尔等所写的这本书中，教练从一个指导工具升华为一种艺术形式！我很少看到如此清晰的"克服破坏的欲望、完成计划和实现梦想"的行为路径图。这本书涉及建立成功的工作关系的重要因素：精诚协作（Collaboration）、相互配合（Coopcration）、建立同盟（Coalition）。如同一位健身教练帮助学员拥有身心都更加健康的状态一样，这本书为企业教练提供了一个工具包，以帮助他们的客户获得事业及生活的成功。每位想要在工作中取得成功的管理者都可以读一读这本书。

　　——马歇尔·戈德史密斯（Marshall Goldsmith），畅销书《自律
力》《魔劲》和《没有屡试不爽的方法》作者

这本书展现了改变组织和人们生活的催化力量。阅读它、品味它、实践它，你将成为一个在生活中充满使命感的领导者。

——凯文·卡什曼（Kevin Cashman），畅销书《第五级领导的修炼》与《暂停的原则》作者

我为这个促发蜕变的教练权威书的新版喝彩。作者和他们引领的具有远见卓识的团队，为组织及个人提供了一种有效应对变化的方法。这是一本专业人士的可读书，通过这本书中的赋能过程，人们发现和感受，并且找到自己的内在智慧；通过实践这本书中的行动，可以为人类创造一个更美好的世界。

——琳内·特威斯特（Lynne Twist），《金钱的灵魂》作者、金钱灵魂学院创始人、帕恰玛玛联盟联合创始人

这本书极具洞察力地揭示了如何激发人们的潜力，从他们的过去、现在和未来得到启示。这是一本通过自我赋能的高级管理者可以读的书。

——谢炳福（Michael Cheah），中国西安杨森制药前总裁

无论对我们自己还是我们领导的团队和组织来说，蜕变最终都将是关于关系的。令人信服且富有同情心的共创培训学院（Co-Active Training Institute，CTI）创始人在这本书中提供了工具、技能、策略和职业守则的框架，帮助我们实现改变生活和改变世界这个伟大的目标。

——瑟勒斯特·申克（Celeste Schenck），巴黎美国大学校长

对于任何有意发展他人的管理者或领导者来说，教练都是一项基本技能，因此在我教授的大多数MBA课程中都使用了这本书。毫无疑问，它吸引了那些关注获取意义和有效技能的人，他们可以立即使用这些技能。

——海蒂·布鲁克斯（Heidi Brooks）博士，耶鲁大学管理学院指导项目主任、耶鲁大学管理学院讲师、耶鲁大学医学院精神病学系临床助理教授

对于那些想要个人表现出色并带领团队达到更高绩效水平的领导者来说，不分文化背景，这本书都是可读的。在过去的20年中，我在中东生活和工作并使用这本书中所提到的方法和工具，这本书超越了文化、宗教和种族的界限，并让人们与人类的本性相连接。

——凯文·克雷格（Kevin Craig），克雷格咨询公司创始人和Grip Arabia联合创始人

共创式教练所提供的原则促发了一场真正改变组织文化的旅程。没有比工作满意度和人才流失率更能清晰地反映这种改变的指标了。如今我的员工喜欢每天来上班，他们心怀组织使命，互相激励以成为更好的自己。我们共同努力，在科罗拉多州儿童福利系统中采用共创的方法，取得了巨大的成功！

——凯西·马兹（Kasey Matz），科罗拉多州儿童福利系统培训总监

我们的公司AFCC汽车燃料电池合作社踏上了CTI的共创式教练之旅，创造了非凡的教练文化。使用这本书中介绍的模型和工具，我们将教练对话用于各个方面的业务讨论，并在全公司推行了CTI的共创原则。

——吉姆·伯格（Jim Boerger），运营总监

这本书的前3版已经影响了成千上万的日本人。我深信这本书的内容超越了文化的界限，因为它涉及人类的某些共性。现在第4版出版了，当我想到全球会有更多人被它打动时，我感到非常兴奋！

——榎本英刚（Hide Enemoto），CTI日本创始人

作为CTI的合作伙伴，思腾深为骄傲，我们很荣幸能将这种出色而重要的理念和方法传播到世界各地。共创式教练不仅改变了许多人的生活，也触动了我们所有教练的心。我们的教练分布在荷兰、比利时、卢森堡、德国、瑞士和中国的社区。

——马塞尔·范·布朗斯维克（Marcel van Bronswijk），思腾国际董事会主席

作为当今高科技公司负责研发的管理者，我面临着不断提升情商和支持员工发展的需求，共创式教练解锁了我深度倾听及培养同理心的天赋，使我成为一个更好的人和更好的管理者。这本书对于任何希望通过共创式方法来取得个人和职业发展的管理者来说都是绝佳的参考书。

——阿迪·萨比尔（Adi Sapir），以色列高科技公司研发副总裁

数字化转型意味着组织从刚性、无机的管控机器转变为柔性、有机的快速响应平台；员工更加追求个性、自主、共创；领导者的角色之一就是赋能的园丁。Active本身具有活跃、敏捷的含义，Co-Active犹如教练和被教练者敏捷地共舞。共创式教练近30年的实践，其实正暗合了数字纪元的开启。这并非偶然，而是作者对于人才培养理念有先见，我们只是今天才恍然大悟。

——林光明（Jack Lim），《领导力基因》《敏捷基因》作者

许多学生要求进行共创式教练这种强有力的训练。进行共创式教练培训是学习教练的最鼓舞人心的方式，也是成为一名专业教练的途径。这本书及相关培训不仅是关于学习如何做教练的，也是关于如何发展自己的。对许多参与者来说，这种共同参与的经历是一个改变生活的事件，帮助他们在工作或日常生活中做出重要的决定。这本书将帮助你更深入地理解共创式教练的本质，并加深和支持你的学习。一定要看。

——戴思通（Ton Dijkzeul），思腾中国总经理

这本书被史蒂芬·柯维先生称为教练界的圣经，为职业教练、管理者、各行各业人士提供了有效的教练技巧和理论，授人以渔，使人知行合一。共创式模型更体现了一种人生信念和态度，通过学习并且在每天的工作、生活中实践它，可以连接到自己的内在资源，可以带着好奇心不断探索，可以激发更多可能性，可以坚定前行，可以为生命赋能，可以唤醒蜕变。

——侯颖华，国际教练联合会（International Coach Federation, ICF）的专业级认证教练（PCC）、共创式教练、共创式教练导师、资深领导力教练及培训师

这本书传递的不只是精彩的沟通和赋能技巧，而是一门生活的艺术。自2017年开始学习共创式教练以来，我的生活和工作发生了翻天覆地的变化。我和他人的关系更加亲密，工作更加带劲，我更明白自己想要成为什么样的人。不论是成功还是失败，我的内心更加笃定。凡是遇到共创式教练的人，都是被祝福的。

——张岩，标普全球中国前总经理、共创式教练

共创式模型不仅是指导教练的模型，也是指导生命如何活出自我实现、在纷繁复杂的工作和生活中做出符合自己内心的选择，以及在各种关系中修己达人的模型。对于教练和普通人，它都是一个可以不断深化学习和实践的宝典。在我的生命中出现难题时，我总可以通过这个模型来找答案。

——王守慧，领导力教练、共创式教练导师、国际100强企业前高管

作为CTI在全球的教练认证导师，有幸见证共创式教练是如何影响来自世界各地的伙伴，走上唤醒蜕变之旅的！每个生命，无论在什么角色里，都渴望自我实现、自觉选择、活在当下！这是每个生命的潜力，也是每个生命的权利！深信第4版的问世，将激发更多的伙伴来到共创式教练的世界，唤醒蜕变，成为生命中真正的领导者！

——魏星（Sally），共创式教练导师、共创式教练，ICF的PCC

"共创式教练"不仅是一个高价值的教练方法论，更是引导我们进行思考、工作实践和人生蜕变的全新方式。"共创"不仅提供了一个实施教练的深入方法，更是重新定义了教练和被教练者之间的深层关系。这对一些处在业务和领导力转型中的组织或企业都将提供更多深入细致的帮助。期待这本书可以为广大领导者和教练的思维和行为多开一扇窗，从而帮助被教练者看到窗外不同的精彩人生和自身的潜能！

——张焱，罗氏诊断中国学习与发展总监

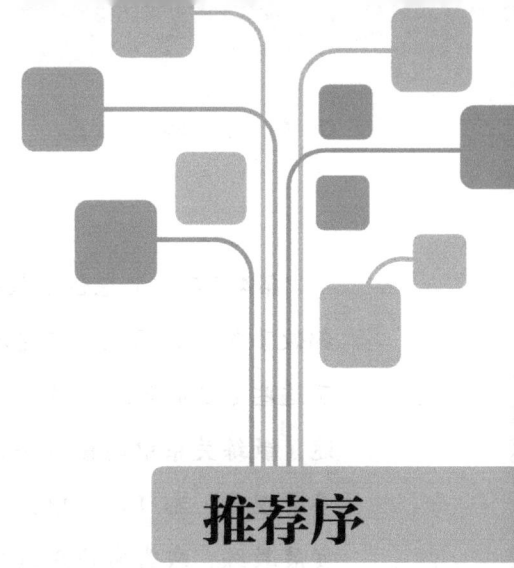

推荐序

多年来，我一直把这本书作为我教练路上学习的经典书，在教练实践中反复印证书中的理念与工具，也常常推荐学生研读这本书。此外，我见证了在这本书的帮助下很多中国教练在专业路上的成长。在每次阅读时，我都觉得这是一本全面而精炼地把教练技术的精髓阐述得很好的专业书。新的第4版，更加强调了教练关系的共创性，也把教练的核心理念做了更深度的探索，这对于我们提升教练实践能力，或者希望把教练的智慧应用在日常工作、生活中的朋友都是不可多得的参考书。

不管是个人、团队成长教练还是领导力发展教练，我一直认为教练技术的精髓在于共创，是教练与客户（被教练者）之间智慧与心灵的共创，也是客户自我内在和思维意识碰撞的共创。共创让每个人更加清晰地打开自己内在的智慧，激发自我新的生命力。共创式教练聚焦在关系中的共同创造，这是需要教练有内在修为，客户有自我创造改变动力的。我们一直强调教练关系是一种陪伴关系，这种陪伴关系是建立在安在当下、深度聆听、中正好奇、高度觉察的教练修为的前提之上的，有了这些教练修为，也就是共创式教练交流关系，才有可能产生激发潜能的陪伴关系。

第4版正是把握住了教练技术的这一精髓，从教练理念到教练技巧都做了深入的阐述。在这本书的前两篇，作者用简单明了的语言阐述了这些专业的理念和技巧，提供了大量的工具与技巧，非常精准地描述了教练关系中的核心要领，不管是专业教练还是没有接触教练的众多管理者，都可以从中系统地理解教练技术的核心理念。作为领导力发展教练，我常常应用这本书中的理念与工具开展众多的教练对话，对此客户的体验是很不错的。

细读这本书，我感觉这是一本教练实践心得总结，每段文字都是经过实践得来的经验之谈，逻辑清晰而准确，这是只有经过无数次教练实践才能感受到的细致体会的总结。本书的后两篇，作者阐述了人们在教练关系中自我发展的核心内涵，这也是一个人、一个团队发展的内在动力，是教练共创的根基。很多的教练议题都与此有关。当我们的教练关系在共创中推动了一个人内在的自我实现，增强了自我选择的勇气和可能性，培养出活在当下的人生修为，激发出融会贯通的智慧时，我们的教练便是有效而成功的。这本书在这方面有很多的阐述，包含了丰富的例子与理念。

十多年来，我见证着教练技术在中国的发展历程，目前教练技术已经广泛地被应用在工作和生活当中，很多的职业教练也成长起来了。越来越多的人好奇教练技术为何能帮助他人激发内在动力，也好奇教练的基本理念与人的自我发展的关系，这本书正是很好的专业解读参考书。

一本好的专业书，总是要经过多年的实践打磨和印证的。第4版是在前3版的基础上，对关键的理念和工具做了更加深刻的探索，关于教练技术的系统思维有了更加清晰的阐述。期待更多的人通过这样简单易懂而又专业的书，了解教练技术的真谛；期待更多的人因为教练技术而焕发出新的生命动力。

叶世夫

ICF 大师级教练

2020年8月10日

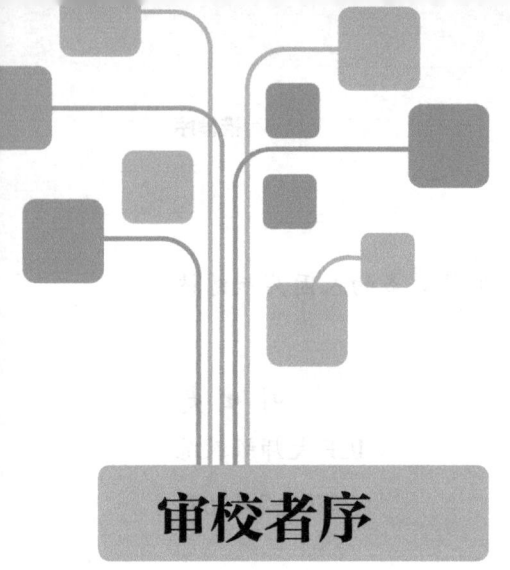

审校者序

2006年，与共创式教练的偶遇成了生命的必然，让我完成了第二次职业生涯的大转折，也改变了我生命的轨迹。如今共创式模型早已经融入了血液，尽管生活没有因此变得完美，但是在面对困难和挑战时的我变得更坚定、更能跟随自己的内心，也更加自在了。

如果说教练的影响力在过去20年是渐渐地渗透和深入世界的各个角落的，那么过去10年教练在中国的发展则可以说是快速的、蓬勃的。作为首批共创式教练的中文导师，我很幸运有机会回到中国，见证并参与了共创式教练在中国的发展。从2010年共创式教练英文课的引进到2013年中文课的首发，从最初的北京、上海到广州、深圳，从外企走进国企和民企，从线下到线上，10年中数千人参加了共创式教练的学习，学员群体的背景也越来越多元，共创式教练的客户更是遍及各行各业。

共创式模型既是一个教练模型，也是一个关系模型。共创式教练关系旨在为客户创造一个安全而有勇气的空间。教练陪伴和引导客户从现实的议题出发，与客户的内在价值、意义及愿景连接，直面内心的渴望和恐惧，发现更多的可能性，并为自己的选择而行动。这是一个由外向内，让内在智慧流动，再由内向外与世界重新连接的过程。共创式模型为这一过程提供了指引。

共创式模型的核心是四大基石、三项原则及五个要素。四大基石是心法，是共创式教练的立场和信念，也是教练迷失时不断回到的原点；三项原则是路径也是框架和流程，条条大路通罗马，而这里的"罗马"是客户的本心和宏大的生命背景，每条路都是一道独特的风景线；五个要素是秘诀，不断为教练输送灵感，也像聚光灯一样照亮客户的生命。

共创式教练既是科学也是艺术，哈佛医学院基于共创式教练的研究为其提供了有力的科学依据。同时，共创式教练也是感性和富有创造力的，它的优势在于客户与教练的共创式关系，寓教于乐、激发创意及整合。丹尼尔·平克在《全新思维：决胜未来的6大能力》中提出未来人才需要具备的6大能力（三感三力）：设计感、娱乐感、意义感，故事力、整合力、共情力。这些能力在共创式模型中得到充分的体现。通过激发右脑和身心整合的教练工具及技巧训练，深度聆听、游戏化、想象力、故事化、会比喻等成为教练宝贵的能力。而这一切的前提是共创式教练的第一大基石：相信"人（客户和教练）是天生富有创造力、充满无限可能性和完整的"。教练们常常说有"回家"的感觉，这个家就是我们的本心，学习的路也是一条"回家"的路。

共创式模型源于美国，但是就像其他来自西方的理论体系一样，模型中蕴藏着古老的东方智慧，"共创"（Co-Active）一词就蕴含了"阴—阳"。2019年，我在学习"黄帝内针"的过程中，惊喜地发现共创式教练的理念与内针心法竟然如出一辙。10年教学和教练实践一再证明，共创式模型越来越为中国的教练和客户们所喜爱。而中国文化中深厚的人文底蕴，让共创式教练在中国的实践充满了生机和创意。共创式教练们已经将教练与国学、摄影、插花、健身、舞蹈、戏剧等相融合，在不同的领域，用他们的热忱和创造力影响着成千上万的人们，他们的生命也因此更加鲜活和绽放。

第4版更多地关注教练在非专业教练关系中的应用，这也是教练发展的大趋势。教练是一种思维方式、生活态度，也是一种建立关系和沟通的能力。我坚信教练的理念和方法将为越来越多的人所接受和掌握，教练将成为未来不可或缺的胜任力。第4版增加了大量在非传统教练关系场景中的应用说明和案例，特别是教练在组织和管理中的应用。过去八年，我们对共创式教练有了更深的理解，也积累了更多的实践经验，在翻译和审校的过程中，我们也对上一版的内容进行了更新，使其更贴近如今的教练实践。

最后，感谢王宇和出版社的邀请，让我有机会为第4版的出版贡献绵薄之力，也感恩在这个过程中给予我帮助的所有人。

叶菁

2020年8月

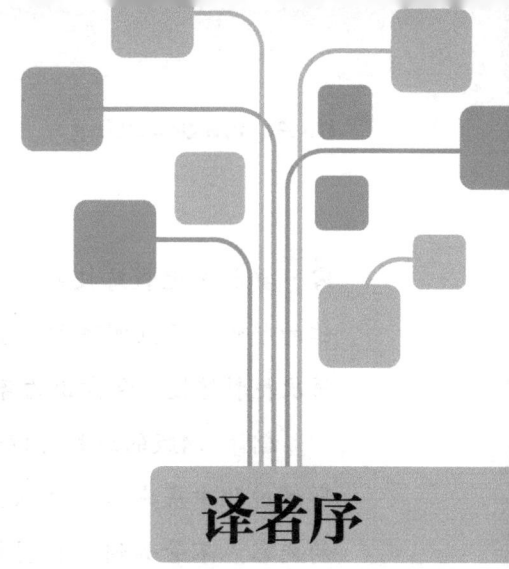

真不敢相信翻译上一个版本已是在七八年前。当再次翻译新版本时，我惊讶于书中的内容其实已经不仅影响了我的言行，而且深入改变了我对一些事物的看法。同样让我惊讶的是教练技能学习正在以指数级别在中国扩散开来。

我们已经意识到：教练技能的学习和实践不仅是帮助他人实现更多可能性的一种手段，更是提升自己意识层次、同理心及更多可能性的重要手段之一。因为拥有镜像神经元的我们，在提高对方领导力的同时自身也会泛起思考的涟漪。可能因为这个世界处于一个伟大蜕变过程之中，所以能够解释为什么很多人对于这项技能的学习充满某种未知的紧迫感。

回想若干年前的自己，感恩与共创式教练相遇。共创式教练更关注滋养的关系，关注当下的状态，关注回到我们自己身上。恰恰是在这些方向上的坚持使得每位共创式教练最后融会贯通，迸发出属于自己精妙绝伦的招式。它不是传授你一种工具，而是赋予你一种好奇且敬畏的状态，并且这种状态会与你自身一起成长。有时我忍不住自问："真正地活着是不是就是这种状态呢？"

第4版与之前版本不同的一个明显特征是增加了更多职场背景的内

容，更加走近教练技能的使用场景。这是一种使教练技能融入日常工作的趋势，并且解决了很多领导或管理者的具体问题。我相信第4版会再次把教练技能和意识的普及推向高潮。

翻译第4版的过程可以说又是一段令人兴奋的旅程。有时在文字的斟酌过程中庆幸自己可以再次翻译本书，有时感叹再次令我深深共鸣的内容。不管如何，希望作为读者的你也会享受这段旅程，寻找到那无法割舍的共鸣感。

如果你发现我的翻译可能不是很精确，或者可能没有准确理解及传达原作者的意图，那么请联系我，我希望与每个阅读此书的人、与每个对教练有兴趣的人一起探讨，共同学习。

最后，感谢审校者叶菁和编辑吴亚芬，没有她们对细节的把控，本书不可能以现在的状态展现在大家面前。

王　宇

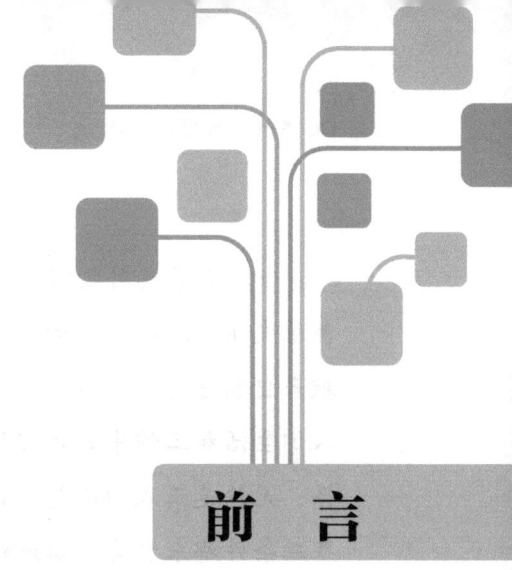

一方面，本书的主书名说明了本书的内容：共创式教练。经过20年，历经三个版本，我们依然强调教练技术，因为教练技术是我们和我们的学习实验室的专业领域，这体现了一种传承。与此同时，我们也越来越多地关注什么是共创，这种持续的关注正是第4版出版的根本原因。我们将特别关注如何将共创应用于不适合传统的教练形式的对话中，或在这种对话中强化共创。这是一种关注焦点的转变，基于对话是如何从根本上改变的，以及如何理解共创式对话的意义如此重要的意识。

简言之，教练就是我们所做的事情。本书为教练提供了模型、原则、方法和要素，以及教练中的实际技巧。换言之，就是如何高效地进行教练。我们一直是教练行业的先驱，在世界各地培训了成千上万的共创式教练。

"共创"是教练关系的本质，它涉及教练和被教练者之间形成的同盟关系（为被教练者的议程服务）。这种潜在的"共创式"关系已在以前版本中有所介绍，它对于理解共创式教练方法的独特性和变革性至关重要。"共创"一词是关键中的关键。

当我们考虑对之前版本进行修订时，我们意识到需要更多地注意教练发生的环境，或者非正式的教练对话发生的环境。"共创"的贡献来自创建有效对话的"容器"，它与教练对话本身一样重要。鉴于人们生活和工作中的无常状态，强调"容器"尤为重要。所有教练关系，无论是正式的还是非正式的，其可持续性和蜕变性转变所必需的基础条件都来自有意识地建立共创式关系。这种关系是相互协作的、共同创造的、积极且投入的，并最终产生具体行动和学习收获。因此，本书侧重于进行有效教练的背景：创建赋能"容器"。

事实上，教练方法被应用于非专业教练和被教练者的对话中并不是什么新鲜事。几年前，我们在第2版中就发现了这一点。我们注意到：共创式教练的基本技能和思维模式被应用于私密的、一个训练有素的教练和被教练者的一对一的对话中。例如，教练对话被应用于老师与学生之间、医护人员与病人之间的沟通中。管理者或团队领导者也在学习如何应用教练的基本原则，在适当的时候用教练对话为员工赋能，支持那些并非"客户"的人。

随着时间的推移，沟通的性质发生了微妙的变化。走出教练的世界，证据随处可见。看看你的手机，也许在本书的第1版出版时，它还不存在。（第一代iPhone与本书的第2版都出现在2007年。）当本书的第1版出版时，很多在今天的信息交流中习以为常的事在当时都可以被当成科幻小说中的内容。在文化和关系层面上，那些被认为是"在我们有生之年不会发生"的事情，却已在现实中出现。

如今，人们很容易与世界各地的同事、家人和朋友即时沟通。技术已经对人们与他人的交流产生了巨大影响。然而，在人们获得闪电速度和广泛连接的同时，都存在各自的问题。人们可以更快地沟通，但是否可以根据需要进行深度的连接呢？所以说深度聆听、共同承诺和赋能的学习等共创技能将比以往任何时候都更为重要。

当你在沟通中寻求变化时，也要聆听其中的内容。人们所谈论的话题和谈话的对象已经进化了，也更开放了。这一转变反映了人们正处于一个联系更加多样化、更加分散、更加紧密的世界。这也是一个不断加速变化的世界。也许因为身处其中，所以人们没有明显地感知到，就像没有感知到自己正在以每小时约1 448千米的速度在地球上旋转一样。10年前似乎不可能出现或者被禁忌的话题在如今已经司空见惯了。

在这样的大环境下，拥有有效沟通方式的教练技术因其独特的优势而快速发展也是顺理成章的。自本书的第1版出版以来，我们见证了教练技术在全球范围内的广泛传播：既有通过教练的专业培训项目和专业教练的实践的传播，也有通过无处不在的非正式教练式沟通进行的传播。如今，"共创式教练"中的"共创"部分比以往任何时候都显得重要和有价值。

组织已经认识到卓越的绩效取决于有效的关系。这种意识正在改变着人们开展业务的方式，并使人们知道如何通过沟通推动业务向前发展。对领导者和管理者来说，使用"教练方式"与员工沟通已经被广泛认为是其核心的胜任力和重要的技能。越来越多的企业认为创建正式的教练关系与非正式教练角色（使用"教练方式"管理员工的管理者）在发展人才方面至关重要。

自本书的第1版出版以来，我们观察、学习并调整我们的工作以适应教练职业发展的需要及教练工作环境的变化。在第3版出版时，我们看到在一个经历了根本性调整的世界中出现的教练的关键角色。组织结构由纵向、层次化（自上而下）向横向、分散化、矩阵化转变。我们将共创式教练视为一个引发蜕变的有效对话框架。

事实证明，我们观察到的在组织中所发生的事情折射出了全球的文化环境。在第4版中，我们将把"如何营造一种能够支持开放并引发蜕变的共创式对话的环境"融入本书的内容之中，它同样适用于正式的教练对话，以及同事之间、领导者与下属之间非正式的教练对话中。

多年来，我们见证了教练技术的发展，以及它如何逐渐成为一种领导技能。更重要的是，领导者要拥有教练心态，因为强化组织高绩效的关系基础，需要能够适应日益变化的世界的技能和思维模式。

我们的目标不是让每个人都成为专业教练，而是让人们理解并应用教练赋能"容器"的基本原理。本书提供了一种全新的在对话之中建立关系的方式（这是一种能够理解并应用书中技能在全球范围内更有效地取得成果、引发变革及建立赋能关系的基本方式）。

本书是我们在一对一教练的实践基础上的延续，它反映了教练这项工作具有比我们理解的更深远的影响力。书中呈现了在对话中如何建立令人信服的关系，以及如何用超越语言的方式进行沟通。

我们相信，本书满足了专业教练、企业领导者，以及重视关系对话的人群的发展需要。我们相信，有一种方法可以创造出这样一个"容器"——一个让赋能对话有可能发生的认知框架。让我们开始吧。

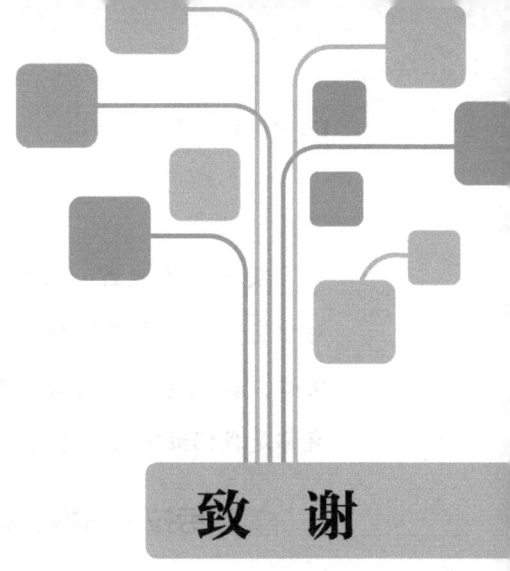

致 谢

我们对无数支持、鼓励和倡导教练方式的人表示感谢。有些朋友我们从未见过，他们代表了所有踏上教练之旅的教练和他们的被教练者（客户）。教练给他们的生活和工作带来的影响是对我们最好的认可，也是使我们保持初心、不断与时俱进的强大驱动力。

教练培训在传播教练影响力、使教练成为一个职业，以及作为教练学习的实验室方面发挥了巨大的作用。CTI的教职工始终处在培养新教练、保持专业水准，以及让共创的理论方法持续发展的第一线。他们对理论和细节的投入帮助我们不断完善我们所呈现的内容，他们的贡献在第4版中得到了体现。

自本书的第1版出版以来，我们看到了教练在全球范围的传播。很明显，这个世界有一种渴望，那就是把教练带入组织、人际关系和个人生活之中，它突破了原有的边界。我们要特别感谢全球范围内那些站在前沿的勇敢先锋们。如果没有这些为了教练事业而勇于面对语言与文化挑战的远见先行者，这一切都不会发生。

对于我们培训过的成千上万的教练学员、我们的被教练者（客

户)及我们的教练,我们感激不已。对于所有投入这项事业的组织,对于它们为人类潜能而拥有的远见和勇气,以及致力于创造共创文化的决心,我们也表示感谢。最后,感谢所有的被教练者(客户),你们一直都是我们最重要的老师。你们是教练存在的意义所在。

致劳拉·惠特沃思

我们对劳拉·惠特沃思表示特别的感谢,她于2007年2月去世。她与凯伦和亨利一起创办了CTI。劳拉是一个有远见卓识的人,也是最早称自己为教练的人之一。她是以共创式方法激发变革潜能的倡导者之一,她对本书的影响至今还在。

亨利·吉姆斯-霍斯、凯伦·吉姆斯-霍斯和菲利普·桑达尔

特别说明

在本书中文版出版之前,我们得知菲利普·桑达尔在2020年4月去世,对此表示哀痛。我们永远不会忘记桑达尔在教练事业推广中的贡献,我们永远怀念他。

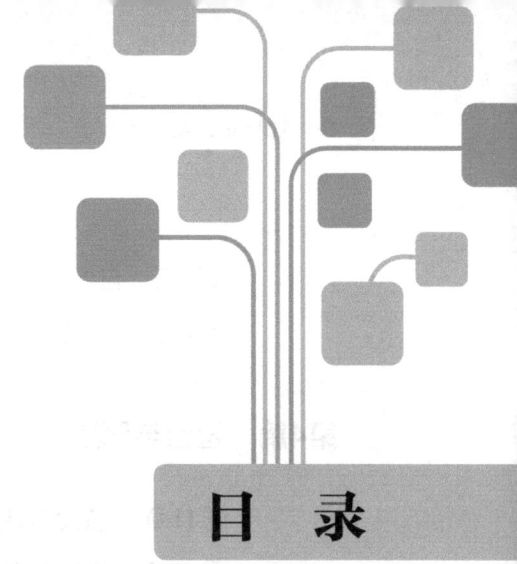

目 录

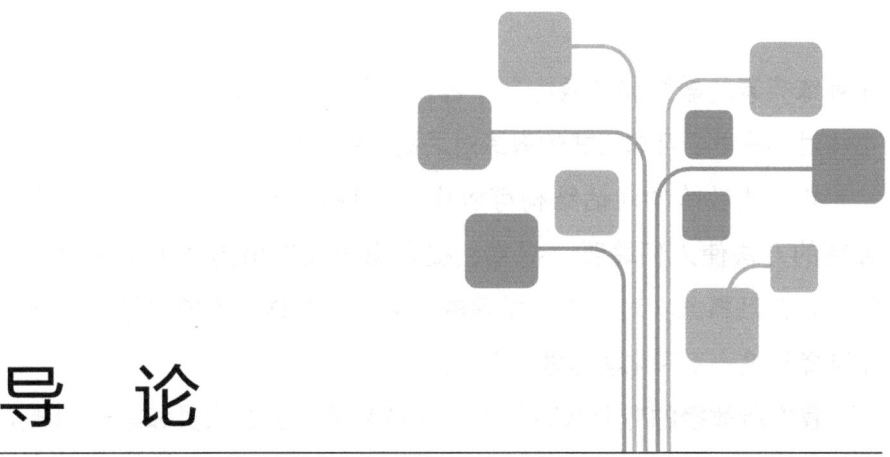

导　论

欢迎来到共创的世界，这个世界致力于创造引发蜕变的对话。我们扎根于专业教练领域，所以这是一本关于教练模型、原则、要素和技巧的书。本书沉淀了共创培训学院（CTI）在超过25年的时间里，使用共创式模型培训高效教练的经验。今天，CTI是世界上最大的线下教练培训机构之一，在北美、欧洲、中东和亚洲提供培训课程。

本书详细描述了共创式模型，定义了共创式教练的技能和技巧，也提供了一些教练过程中的对话示例和教练实践练习，旨在帮助读者理解和练习教练，或者进行基于共创式教练核心理念的对话。

基于共创式教练更广泛的应用，我们出版了《共创式教练》的第4版。我们是培养专业教练的先驱，为实现教练行业的愿景、进行教练的实践，以及打造教练行业专业能力的可信度做出了贡献。与此同时，随着时间的推移，我们越来越多地看到教练工作的本质已经超越了训练有素的教练和被教练者（客户）之间的一对一的私密对话。本书将对那些重要且非正式的教练对话提供更有针对性的阐释。

共创式教练的对话结构可以作为一种独特的对话方式。它提供独特的方法使人们聆听、探索、提升意识及做出选择（勇于承担风险），并且将此次对话视为学习的机会，在过程中不断总结，为下一个选择和进一步深化学习做好准备。

我们所教授的专业教练技能已经被教师、医护人员和家长们所应用。对于企业领导者、管理者和监督者来说，我们所教授的专业教练技能已经成为必要的领导才能。

我们没有放弃自己的根基。本书仍然是全世界范围内的商学院、大专院校和培训机构最常用的及推荐阅读的教练图书之一。在第4版中，我们增加的更多的是教练对话的示例，这些示例展现了共创式对话背后蕴藏的力量。

走入共创的核心

本书讲述了教练关系的本质，特别是共创式教练关系。不管是教练关系中的教练和被教练者的对话，还是资深管理者与直接下属的对话，当我们通过共创式的透镜来观察时，这两种形式的对话的核心是相似的。我们关注的是共创式对话的本质与其他对话的区别。

在我们看来，在教练过程中并不着重关注解决问题，尽管问题最终会得到解决；也不着重关注提高绩效、达到目标或取得成果，尽管这一切随着时间的推移肯定会在有效的共创式教练关系中发生。我们相信，在教练过程中着重关注发现、认知和选择。教练方法是一种能够有效激发个人，使其自己寻找答案的方法；它能够鼓励和支持人们，使他们能够做出具有意义并改变其人生道路的选择。

现在，假设你是一位领导者，要与某个执行关键项目任务的团队成员进行沟通。有很多种对话方式可以选择。一种传统的方式就是要求他汇报进展和分析现状，之后为其提供下一步的工作指导。大多数时候，人们都会选择这种对话方式。

另一种对话方式是使用共创式的协作方式进行对话。对于团队领导者来说，这种方式更多是赋能于团队成员（那个要解决问题的人）。可以通过头脑风暴产生更多的行动步骤，并就行动过程达成一致。使用共创式的协作方式，关系的本质发生了改变，对话中出现更多的包容和赋能。虽然共创式的协作方式不一定就比其他方式更好，但可以让你看到不同的选择，而且每个选择都有不同的影响。实际上，共创式的协作方式为领导者提供了更多的选择和更多样的回应方式。

在快节奏的工作环境中，如何让员工更投入、更主动、更被赋能，是管理者的压力所在。等待更高的指令或不断升级决策是团队或组织在混乱与复杂环境下做出更敏捷响应的障碍。创造与支持一种共创式的协作方式，以及打造具有弹性且富有资源的文化势在必行。

共创式对话有其特殊的内在规则：尊重、开放、富有同情心和同理心，以及表达真实的承诺。对话中也有一些潜在的假设。我们假设人们是有能力与优势的，而不是软弱、无助或有依赖性的。我们假设人们的内心深处渴望实现卓越并释放潜能。每段共创式对话都有如下信念：任何情况下都有可能性，并且人们拥有选择自己生活的权利。

从关注谁更重要到关注可能性，这是一种在关系与对话中的状态的改变。从原来的简单分析与解决问题转变为富有创意的高效协作，共创式关系中的弹性和创造力，让未来的问题解决变得轻松。

共创式对话不仅存在于正式的教练关系的沟通中，也逐渐渗入形成领导力风格的沟通中，以及团队和家庭成员的沟通中。它之所以有效，是因为它呼应了人们对于协作和共创式对话的内在需要。共创式对话与常见的基于权威和优越感的对话方式有着鲜明的区别。"让我们一起面对"的共识，将对话切换到了寻找更多可能性这一共同目标之下。

这样的对话在人们的生活中随处可见，因为它呼应了人的天性中对有意义连接的渴望。共创式教练已经在全世界深深扎根了。从全球的视角来看，它已经成为人类意识进化的一部分。我们相信共创式对话既是人类意识转换的展示，又是具体的意识转换工具。

这种风格独特的共创式对话可以用不同的形式表现出来。你可以从教练的聆听中发现，他们不仅关注使用的语言，而且关注语言背后的信息，甚至语言之间的停顿。你可以在与领导者的对话中感受到，他们既重视开放式的聆听，也重视表达自己的观点。如果领导者像教练一般聆听的话，他们会关注你的声音、情感和能量的细微变化。他们会聆听那些已表达的和那些未曾表达的，他们会聆听对方最好的一面，尽管对方自己可能都无法听到这些内容。

书名中有"创"（Active）字并不是一个巧合。无论是共创式教练关系中的教练对话，还是同事之间非正式的教练对话，它们都关注责任与担当。重视"创"字不是因为这是一种检测、挑剔或管制手段，而是因为它是一种不管是否发生都能从经验中学习的机会。从纠结对错到关注学习的切换是共创式对话的核心要点。

这种同时强调"关系"与"行动"的组合被"共创"（Co-Active）一词优雅地整合了。它结合了状态（Being）与行动（Doing）：带着协作、合作，以及为了共同使命而努力的状态积极地向着愿景与目标前进。

　　通过本书，你将学到与他人共事的新方式：发现和推进他们的使命、目标和具体议程。你会找到有效的方法使他人为自身的学习成长承担责任。从一对一教练的角度来看，你也会学到共创式教练方法中的价值观、目标设定和自我管理方法。你会了解到如何将其应用于提升领导力的场景中。

　　你还将学到处理自我设限行为的策略。自我设限行为经常出现在人们面对改变、需要承担风险的时候，或者在团队成员或领导者对职业生涯感觉有巨大挑战的时候。这些行之有效的策略可以帮助人们坚持正确的方向，克服心魔的欲望、蛊惑及挑唆。

　　本书所强调的信息和实践练习供专业教练使用，但其中所涉及的教练技巧和对关系本质的洞见不限于专业教练领域。它可以应用到几乎所有的沟通关系之中，如工作、家庭、朋友、团队、志愿者和社区团体沟通中。教练的精髓已经超越专业教练的技能而成为一种沟通的风格。

本书的结构

　　本书第1篇是共创式模型的概述。第1章，首先用四大基石为共创式模型奠定了基础。这四大基石构成了一个使有效教练对话发生的安全网。之后，使用五个要素：聆听、直觉、好奇心、深化与推进和自我管理来构建共创式模型。我们也会涉及这五大要素在非正式教练对话中的应用。

　　在第1章还简单介绍了三个原则：自我实现（Fulfillment）、自觉选择（Balance）和活在当下（Process）。在这三个原则的共同作用下，共创式模型的核心就是被教练者关注的焦点。第1篇还讲述了如何建立教练和被教练者（客户）之间高效的工作关系。我们称这个过程为

"建立同盟关系"，以及如何在工作关系中通过这个实践来建立信任的关系。

第2篇分别介绍了五个要素，并且提供了详细的描述和教练技巧实战的示例，以及能够用于实践的教练对话和练习。你将从以下两个视角看到具体的对话示例：专业教练和职场应用。

第3篇详细介绍了三个原则：自我实现、自觉选择和活在当下。三个原则中的每个都为教练提供了让有意义的改变发生的途径，也适用于管理者或领导者与员工之间非正式的教练对话。每章的对话示例都展示了三个原则在实际操作过程中是如何展开使用的。我们也会探讨这三个原则是如何在任何重要的领导对话的背景下发挥作用的。

第4篇集成之前的内容，并展望教练的未来（特别是共创式对话的未来）。从某种程度上来看，最后部分就像教练完成的部分一样：总结深化教练中的学习，产生行动，继续下一步旅程。

如果说把共创式在线工具箱（Co-Active Online Toolkit，登录http: // www.coactive.com/toolkit获取）也算上的话，这就是第5篇内容。在本书的每个版本中，都包含了大量的教练工具，你可以使用它们或根据被教练者的需要进行调整。从第3版开始，这些可以轻松添加和调整的工具就已经能够在线访问了。自第3版出版以后，在线工具的内容迅速增加，还包括视频与音频的资料。在本书中，你会发现如何找到在线工具包的指南，以及使用特定工具的有关建议。

总之，第4版提供了对有效的共创式关系本质更深入的理解，并提供了创建和支持这种关系所需的必备技能。本书为强化你的教练技能提供了一个包含真实案例和实践练习的系统结构。书中提供的方法是独特、包容和有效的，它服务于那些想要扩展知识与提高技能的专业教练，同样服务于那些希望在重要的对话中能够使用这些方法的人。

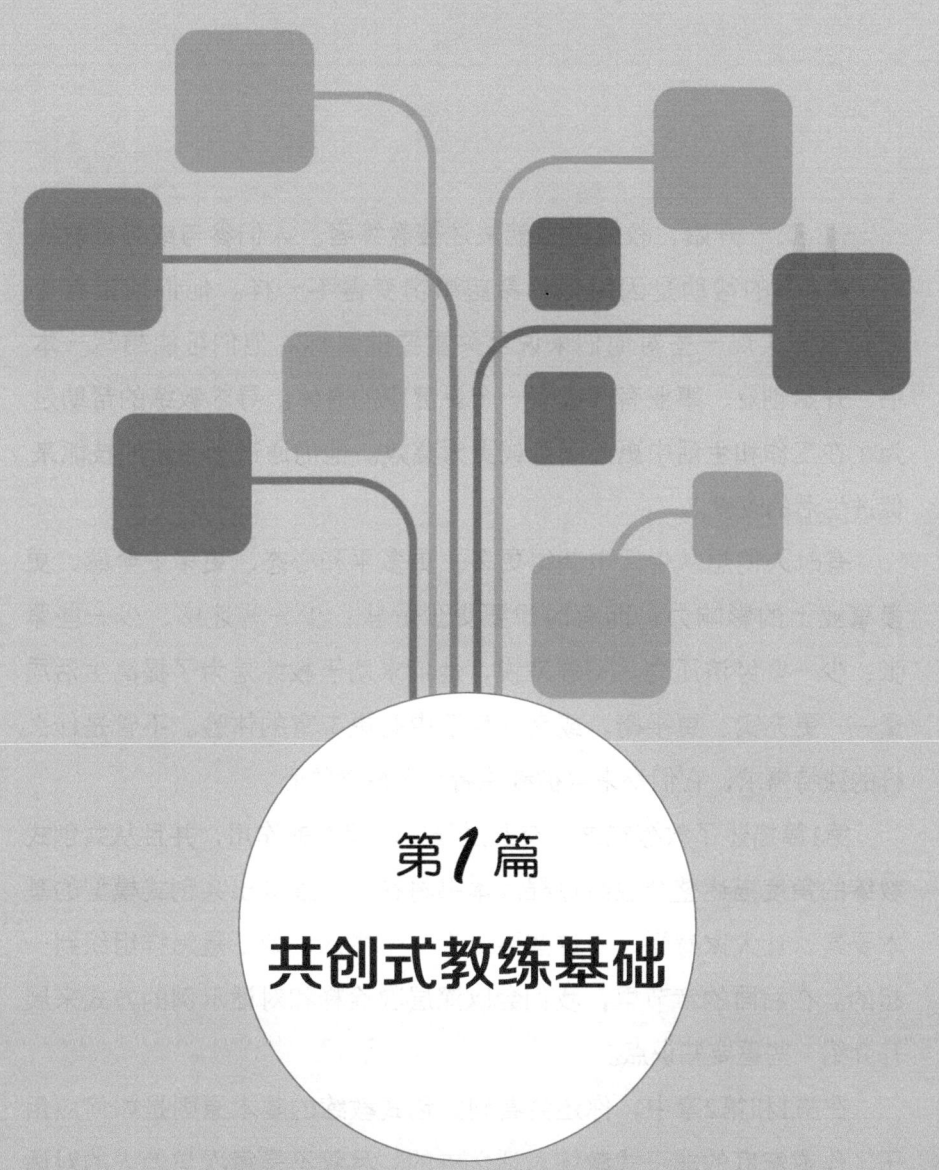

第 1 篇

共创式教练基础

从一开始，教练过程就关注被教练者。人们参与或寻求教练的帮助是因为他们希望事情变得不一样。他们期望着变化，想要实现一些对他们来说至关重要的目标。他们可能想写一本书、开始创业、事业有成或有一个更健康的身体。寻求教练的帮助是为了在工作和生活中更为满意或更为高效。他们通过学习新的技能来促进生活的改变。

有时人们想从生活中获得更多：更多平和心态、更多安全感、更多事业上的影响力；而有时想要更少一些：少一些迷惑、少一些紧张、少一些经济压力。一般来说，他们求助于教练是为了提高生活质量——更充实、更平衡，或者在生活中有更丰富的体验。不管是什么样的独特需求，它们都来自被教练者那颗悸动的心。

第1篇描述了教练在这一交互过程中所起到的作用，并且从共创式教练的角度描述整个教练过程。本书将在这一篇列出共创式模型的基本要素，让大家感受一下这些要素在一个概念框架下是怎样组织到一起的。在后面的章节里，我们会以深层次诠释和对话示例的方式来展开介绍一些重要知识点。

在第1和第2章中，你还会看到共创式教练的基本原则是如何应用于工作或家庭的非正式教练对话之中的。尽管不是每次与他人的对话都是真正意义上的共创式对话，但了解这些基本原则会为这些对话带来更多的洞见。有时，一开始看似普通甚至是琐碎的对话过程，会触及双方都没有预料到的更重要、更深层的内容。

你一定在生活中遇到过这样的情形：对话的方向突然变得更私密、更脆弱或完全出乎意料。通过了解共创式教练的基本原理，你将看到机会，并有效地参与，不是作为顾问或问题解决者，而是以共创的方式带着勇气一起去探索这段未知的旅程。在某种程度上，这里呈现了任何一个教练对话的基本特质：立足于当下，随时保持开放，灵活调整原有的计划。

每次对话的背后都有潜台词。这些潜台词是由假设、期待和不言而喻的约定组成的，也会被关系中的一些因素所影响，如个人的地位、价值观和信仰。这个看似普通的一次对话，都会将这些因素融合在一起。人们很容易忽略潜台词，而把注意力放在对话的表层内容上，这是人们习惯的和感到舒适的沟通方式，但也会因此错过深入对话的机会。而那些深层次的对话往往才会建立关系、建立信任，以及通过赋能取得结果。对共创式模型及其核心概念的理解会帮助你获得更多的洞察，并将拓展你的沟通能力。

无论你是教练还是领导者，第1和第2章会让你洞察到沟通中的更多维度。这些维度并非显而易见，但对于结果与关系都有至关重要的影响。

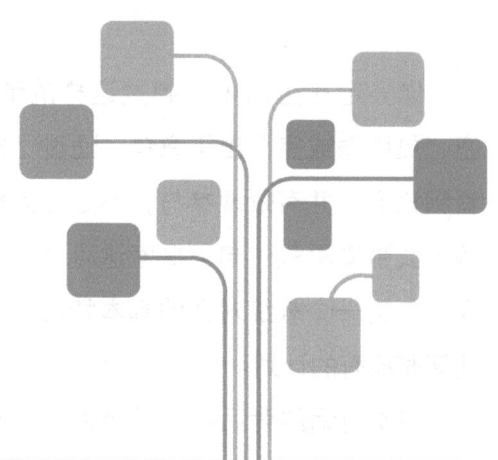

第1章
共创式模型

       "共创"这个词是指教练与被教练者之间的关系是积极且互动的。在共创式教练过程中，两个平等个体为了实现被教练者需求而建立的关系，也可以被当作一种同盟关系。"共创"这个词本身就融合了人类状态与行动（Being and Doing）的本质特征。

- 我们是谁；
- 关系之中我们是谁；
- 我们当下的状态，以及我们想要的状态；
- 我们如何积极地创造；
- 为了实现生活与工作中我们期望的结果，我们做什么（或不做什么）；
- 教练与被教练者在一起合作共创，通过被教练者的行动来完成。

四大基石

四大基石代表了以共创的方式在最深层次建立关系并进行沟通的基本信念。我们相信这对于教练关系中的沟通或教练对话会产生至关重要的影响。整个共创式模型立足于这四大基石（宣言）之上。这四大基石组成了一个能够支持共创式对话的"容器"。实际上，正是这四大基石使进行一场真正意义的共创式对话成为可能。它们形成一种必要的结构，以确保在教练过程中双方的投入和赋能关系的持续，也就是使共创中的"共"这个行为能够发生。同时，四大基石也是被教练者能创造出赋予生命力的行动的支撑。

▢ 人天生（本质上）是富有创造力、存在无限可能性并且是完整的

我们从这句宣言开始：人天生（本质上）是富有创造力、存在无限可能性并且是完整的。人们有能力寻找答案，有能力做出选择，有能力付诸行动，并且能够从计划失败的打击中迅速恢复过来。还有最重要的一点是，人们能够不断学习。以上这些能力潜藏在每个人的身上，无论何时何地。对于共创式模型来说，认为"人天生（本质上）是富有创造力、存在无限可能性并且是完整的"不仅是一种信念，也是教练工作的基石。

还有另一种信念认为"人都是脆弱且想要依赖的"。若抱着这个信念，教练的工作就是引导被教练者获得一种最安全的结果。你可以体会一下拥有以上两种信念的不同。当人们坚信人天生（本质上）是富有创造力并且存在无限可能性时，教练就成为他们坚定的陪伴者与支持者，而不是充满焦虑和担心的搀扶者。当假设被教练者（客户）

是富有资源和创造力时，教练也会变得好奇，期待无限的可能性，并且与被教练者一起探索而非简单告诉他们怎么做。因为教练期待看到令人惊奇的事情发生。

认清"本质"是关键。然而，也有让人难以承受的时候，再有韧性的人有时也会感觉到山太高、路太远，心中没有了动力。周围的环境和内在的心魔会说"何苦呢"或"你没希望了"。有时这的确会让人感到绝望和沮丧。在这样的时刻，作为教练，更应该看到人的天性中积极且富有资源的一面，相信被教练者有能力克服这些障碍。我们会提醒被教练者去看自己内心深处的那一束光，并帮助他们找回希望。因为希望就在他们心中。

关注整个人

对于大多数想为他人提供帮助的人，包括新教练或其他提供教练技术的人来说，最先想到的是："问题出在哪里？"想到这个问题的本意是好的：希望理解别人，提供有价值的帮助，最终能快速有效地解决问题。而且想到这个问题的人认为"找到问题"这件事很紧迫，希望自己能帮上忙。

即使那些完全相信教练方式可以带来更大价值与贡献的领导者或管理者，也同样容易掉入"要先找到问题"这个陷阱中。在获得结果，或者恨不能当下就获得结果的巨大压力下，他们认为首要的任务就是识别问题。对此完全可以理解，因为解决问题确实很重要，但是领导者是管理人的，而不仅是解决问题。培养人才并创造一个高效而富有资源的组织会产生可持续的结果，远比解决当前问题来得长久。即使在组织任务的压力之下，这种关注整个人的思维方式也会让人们看到更多的机会。

当面对被教练者时（即使在电话上），教练面对的不是一个问题而是一个人。这个人确实有问题需要解决——需要做出改变、希望实现梦想、等待完成任务或者达到目标。但是你对面的这个人不等同于他的问题、目标、梦想或任务，这是一个完整的人，这个人拥有心、智、身和灵。所以，不管是什么问题，都不应该简单地与人分隔开来，它已经和被教练者的生命不可避免地交织在一起了。

"关注整个人"中的"关注"（Focus）一词可能有些词不达意。对整个人的关注不是僵硬的、片面的和激光般聚焦的，而是柔和的、广泛的，一种从多个层次去聆听，对整个人和整个生命的广泛关注。很多时候，人们渴望给予别人帮助，然后根据听到的表面信息就做出判断。人们用头脑来探索、理解和分析，然后找到有逻辑且适用的解决方案。

分析和逻辑思考有效且必要，但不是全部。一个貌似"正确"的方案所导致的情绪影响也同样重要。有时理智说"好的"，内心却感觉失望。我们不是建议教练单点地关注心、智、身和灵，而是让教练或处在共创式对话中的人应该对这些不同的维度都给予关注。

情绪问题已经不再像多年前那样是一个难以涉及的话题了，即使在工作场合。今天，关于提升情商的课程已经随处可见，这要感谢丹尼尔·戈尔曼开创性的工作。同样地，在身体语言领域的杰出研究和实践，也使"身体语言在沟通中的作用"这个话题变得越来越重要和被广泛地应用。

在"心、智、身和灵"这几项因素中，最敏感的显然是"灵"。它最难被定义却又跟每个人密不可分。对于教练来说，它不局限于某种形式的信仰或宗教，但不可否认，"灵"维度影响人们的选择。它的核心包含了人们内心对价值、使命或超自我存在的感知。有时它会通过直觉、本能或信念来指引人们的生活。我们说这是"灵"维度的，它是凌驾于某个具体决定的内在感应，我们能感受到"灵"超越了决定。

很显然，关注整个人就意味着，教练应该意识到，问题或事件的方方面面与这个人的生命已然交织在一起了。当下的话题背后连接的是被教练者生命中复杂的生态系统和优先次序。教练和被教练者的对话完全可能既聚焦在一个主题上，又连接当下的话题与更深层次的对话。有能力将对话引至被教练者感兴趣的任何一个方向，并不意味着教练要一味地坚持某个方向，然后把对话引过去。关键是要提升被教练者的觉察和认知，因为没有问题是独立存在的。针对某个方面做出的决定会不可避免、涟漪般地影响生命中的所有方面。一个令人兴奋、能够实现自我价值的职业转变，可能影响你的健康、家庭关系、自由支配的时间或地域的变化。教练可以很有效地与被教练者一起关注某个具体的话题，但是在共创式模型下，有一个更大的画面需要被看到，那就是"整个人"的画面。

🗇 与当下共舞

一段对话会在人们之间建立一个动态且有力的桥梁。人们很自然地关注对话中的内容，包括文字、立场或某种想法。这样的内容显而易见，也很容易得到响应。但与这些内容相比，还有些东西同样重要甚至更为丰富，如每一段对话中的语气语调、情绪或微表情。和文字相比，它们传递的信息同样多，有时甚至更多。未曾表达的往往比说出来的信息丰富得多。

对于教练来说，包含更多信息的对话需要调动不同层次的聆听能力，之后选择回应或介入。说什么或问什么不是来自事先准备好的稿子，而是来自"当下"，这一个"当下"及下一个"当下"。为了能够"与当下共舞"，你必须全身心投入当前正在进行的过程之中，对此刻的情况做出瞬间回应，而不是刻板地遵循既定的计划。

"共舞"一词对应共创的两个本质，"共"在于协作，"创"在于舞动着向前。在一个真正意义上的共创式对话中，有一些"舞蹈片段"是由教练引领的，有一些是由被教练者引领的，有一些根本分不清楚是谁在"领舞"、谁在"跟随"。

以上这三个状态下的共舞都很自然，只是第三种状态下的连接更为罕见。这是一个双方完全同频、畅所欲言、愿意展现脆弱的状态，坦白说这需要绝对的信任。在这个场景里，随着音乐的节奏、音调，双方旋转、舞动，优美而灵动。这种敏捷的状态为被教练者带来更多的学习和探索。

唤醒蜕变

在共创式教练对话中，教练与被教练者的共同目标是赋予后者更完整的生命。教练关注的话题一般比较具体，可能是当下被教练者生活中的一个关注点。哪怕只是极小的一个部分，对于人们来说也是很重要的。就像一棵树，从叶片到枝杈，从枝杈到树干，最后到根部，你会发现看似无关的事物实际上总是有着千丝万缕的联系，这种联系是深层次的。某次教练过程的目标可能是厘清一个项目，并且针对项目形成具体的行动。被教练者往往只是对某个话题的具体目标感兴趣，可能是找到新工作，可能是期望获得升职，也可能是为了健身或完成一个商业计划。而教练应通过这个具体的目标看到更深层次的东西，看到那棵树完整不可分割的、宏观的生命全貌，看到对被教练者来说更为重要的东西，也就是被教练者的具体目标掩盖下的那些更深层次的内容。

　　教练期望被教练者能感受到自己的全部潜能和最完美的状态。在当下的目标与生命潜能之间的连接被点燃时，蜕变就发生了。如此一来，写报告、参加面试或者进行五千米长跑这些具体的任务就不再是一个个待办事项，它们成为内心渴望的外在表达。愿望的实现只是对被教练者拥有无限可能性的一个确认。从满意的"啊"（Ahh）到具有冲击力的"啊，是这样啊"（Aha），这种变化就如同突然发现了身上还有一块被遗忘的肌肉，而这块肌肉可以给你带来新的力量。

　　被教练者对自身潜能的认知也包括在"啊，是这样啊"（Aha）之中。这种豁然开朗的体验也会在生活中的其他方面打开被教练者的思路。

　　这就是唤醒蜕变成为共创式模型的一块基石，并且备受重视的原因。教练对所有可能性的探索心怀向往。这种探索会点燃被教练者心底的力量之火，会带来从一个领域到其他领域的思路开拓或思维转变。在此过程中，教练对被教练者拥有的可能性和蜕变深信不疑。被教练者会不停地选择话题，并且采取行动以达成他们所期待的结果。教练从每个细微的行动中激发被教练者的可能性，最终使他们完成蜕变。

　　你不必成为一名专业教练，就能够看出来四大基石是如何作用于任何重要的对话之中的。想想你最近与同事，或者与儿女的对话。你很可能是在忙着解决问题。现在你了解了四大基石，请再思考一下：如果你在对话中已经意识到了这四大基石，你们的对话可能变成什么样子？

　　当你一开始就相信同事、儿子或女儿是富有创造力、存在无限可能性并且是完整的时，对话的质量会发生什么改变？对话可能从提出建议转变为充满好奇：问更多的问题，激发他的创造力。想一想，当看到某个日常的问题会与人的整个生命相连接，而这是你从未意识到的时，你会有何感想？这些涟漪可能一时看不到，但真实存在。

无论发生什么情况都能与当下共舞，绝对是领导者不可忽视的能力。在当今的商业世界之中，敏捷性至关重要。也许没有一个特定的名称，但高效能的领导者每天都在工作中表现出与当下共舞的品质。即使第四块基石"唤醒蜕变"，也会在对话中体现。在问题被解决之后，之前简短对话中给予的肯定认可会在同事或儿女心中久久回荡。

当然，这是通过理解四大基石而达到的意识深度。不建议你把每次的对话都当作一次正式的教练对话。如果你能摘下教练这顶帽子，那么你的孩子、配偶和员工都会感激你的。重要的是提升自我意识，这样就会更有效地融入任何角色，发现每次对话中的各种可能性。

模型的核心

一个受过专业训练的教练，在与被教练者开始工作时，会有一个清晰的承诺：教练与被教练者关系的存续，是为了满足被教练者的目标。因此，被教练者自然位于模型的中央。共创式模型，如图1-1所示。

可以用两种不同的思路来进行思考。一种思路是从被教练者的生命全景来确定现在应该采取何种行动。人们每天做出几十个或上百个做或者不做某些事情的决定。每天做出的决定，不管多么微不足道，都会逐步实现自我或远离自我。这些选择会让人们的生活状态更加平衡或失去平衡。人们的选择也会带给自己对生命进程的不同体验。所以在这个层面上，被教练者的行动总是包含在这三个我们即将深入讲解的核心原则之中：自我实现、自觉选择、活在当下。因为这是人们生存的基本法则，所以称为原则。就如同氧气、可燃物和适当的温度对于火的重要程度一样，这三个原则会使生命（Life）之火燃烧。这里的生命一词开始于一个大写的"L"（Life）。

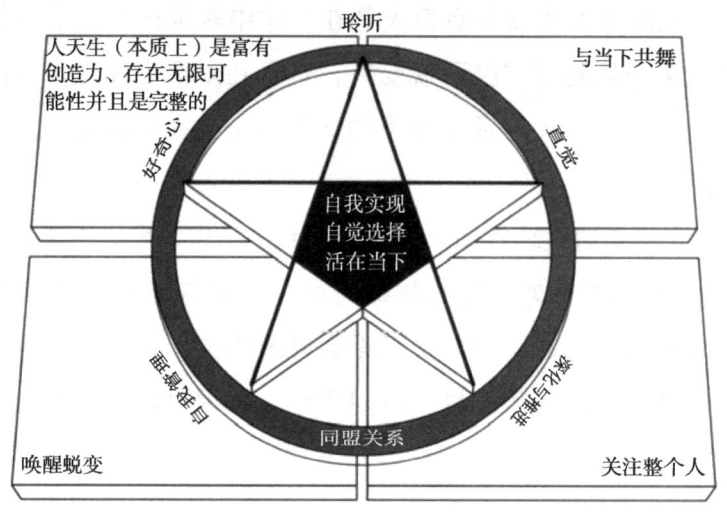

图1-1 共创式模型

另一种思路是从被教练者带到教练过程中的不同的具体问题出发的。这些日常或者长年累月困扰他们的问题，是关于日常的生活，小写的生活（life）。而不管是什么样的具体问题，都可以找到一种方法使之连接到大写的生命（Life）议题——自我实现、自觉选择和活在当下。

自我实现

被教练者自我实现的衡量方式因人而异。自我实现一开始可能以是否取得成功来进行判断：理想的工作、升职的机会、丰厚的薪酬、惬意的生活或者个人的成就。而最终的教练过程将展现自我实现更深层次的意义，这种深层次上的自我实现不是拥有更多，不是填满口袋或衣柜，而是填满被教练者的内心和灵魂。

自我实现的生命是宝贵的，此时被教练者应该已经找到自己对人生价值的定义了。如果渴望冒险，那么在他们的生命中是否有足够的冒险？如果看重家庭，那么他们有没有因为工作繁忙而疏忽了家人？在工作中如何彰显重要的个人价值？各种价值的取舍同时也是对人生的梳理和选择，当做出的选择与价值相吻合时，生活将是轻松且令人满意的。实现某个目标可以让人感觉良好，但大多数的被教练者不会止步于此。自我实现的最高境界是寻找意义、服务他人、感受生命的真谛，是释放自身全部的潜能。

自觉选择

在今天这个高速变化的世界里，人们有太多的责任和干扰，自觉选择看上去就像一个不切实际的幻想。这种杂乱的状态确实让许多寻求教练的人迷失。他们不满足于仅仅活着，而是希望从生命中获得更多，也希望给予更多，他们在认为重要的事物上投入并努力实现自己的承诺。有时努力的结果就是在某些方面卓有成效而在其他方面则一团糟。于是他们开始感受到自觉选择的重要性并且尝试改变现状，抱着良好的愿望开始健身、休假或重新与友人联络。但用不了多久，他们发现生活依旧没有任何变化，生活已经失去了平衡。

人们在辞职之后往往感到生活失去了平衡，觉得生活就应该像之前一样。之前才是"真实"的世界。他们只能通过单一的角度看待这件事情，于是这件事看起来会很糟糕。然而自觉选择关注更广范围的不同视角，这样就会发现其实人们有更多的选择。总体来说，平衡是关于选择的，选择接受一些事物或拒绝其他事物。这会是个挑战。生活中，被教练者总是过多地接受而不会拒绝，以至于超出了自己的承受能力，从而导致不堪重负，于是生活失去了平衡。

因为生活本身的不确定性，平衡本身也没有一个稳定的状态。因此更加现实的做法是关注被教练者是否趋向平衡或远离平衡，而不是给出所谓的"平衡"目标。如一年有四季一样，从长远来看，平衡的生活才是最美的。平衡是一个长期的、经常在教练过程中出现且形式多样的问题。

活在当下

人们似乎总处在过程中。生活中的人们有时手忙脚乱，有时优雅沉静。教练过程可以帮助人们非常有效地达到目标，也正因如此，被教练者和教练都可能掉入过分关注"结果"的陷阱之中，从而忽略了生命旅程中的精彩。生命旅程就好比河流，会有汹涌澎湃的激情，也会有涓涓细流的平静；会在工作或社会关系的旋涡中随波逐流，也会陷入变幻莫测的沼泽中不能自拔；会发洪水，也会干涸。

而不管被教练者处于什么样的生命进程中，教练的职责都是与之在一起，保持自身的机敏并加以善意地提醒，不断鼓励和提供支持，协助被教练者走出深渊，再共同为冲破迷障、提升修为而欢呼庆祝。因此，可以说教练打开了一扇门，跨过这扇门，被教练者就可以迈向更深远、更全面的生命进程。

共创式模型包括被教练者的自我实现、自觉选择和活在当下的整体图景。这些重要的原则位于共创式模型的核心部分，组合在一起就创造了能够实现完整生命的光和热。

通过建立同盟关系创造赋能的教练空间

共创式模型的中心包括关注被教练者本身及其议程。而浅灰色的保护圆环部分，我们称为同盟关系。在共创式模型中，能量会聚集到教练关系之中，而不是教练身上。被教练者与教练一起建立高效的工作关系来满足被教练者的需求。实际上，被教练者会提出他们需要什么样的支持。他们共同参与并在关系中构建适合他们的工作方式或学习风格，沟通的方式也会根据被教练者的需要来调整。建立同盟关系的过程也是被教练者和教练之间共同承担的过程。被教练者会在与教练的关系中学会承担，最终他们也会为影响他们生活的每个改变而负责。

五大要素

在共创式模型所展现的五角星中，每个角都是教练在教练过程中导入的要素。每个角都与被教练者相连。在教练过程中，教练不停地通过这些要素汲取着灵感和经验。教练会像音乐家训练他们的音乐技能一样，通过教练培训和实践逐渐提升相应的教练技能。在教练过程中，这五大要素无时无处不在。为了方便学习，本书会按照顺序来进行讲解，但实际上，它们都是共创式教练中不可或缺的基本元素，像五个聚光灯一样同时照耀着被教练者的生命，又像夜空中的星星一样没有先后顺序。

聆 听

教练跟随着对话的内容，聆听着被教练者的倾诉。但更重要的

是，教练聆听需要进入更深的层次。聆听故事背后的含义、聆听被教练者的内在及他们当下生命的主旋律。教练会关注被教练者的愿景、价值观或意义的浮现。教练同样会聆听抗拒、恐惧、退缩或心魔的声音。心魔的目标就是阻止改变的发生，它们会想尽办法让被教练者看到自己的不足，找到所有的理由来阻止被教练者采取推进改变的行动。

教练会同时在不同层次上进行聆听，聆听被教练者当下位于生命进程的哪个阶段、有哪些点失去了平衡或达到了自我实现的哪种程度。教练会注意到对话中那些细微的犹豫，也会留意到违心背后的痛苦。（在第3章会进一步讲解聆听的三个层次。）

直 觉

聆听进一步深入，教练会感觉进入一个虚实交会的区域。直觉一直都在，难以描述，常常存在于人们的内心，但又说不出口，因为对很多人来说很难相信这种感觉。人们不习惯靠直觉来指导行动或做出决定，也会对直觉告诉自己的信息犹豫再三。人们更倾向于认定谨慎是为了不显得太过鲁莽。但是，实际上直觉是教练带给被教练者最棒的礼物之一。

作为教练，在教练过程中会从被教练者身上感受到非常多的信息。把这些信息与之前的信息和体验相结合，包括那些来自生活的信息和体验。另外，还要考虑一个因素：来自直觉的信息，可能人们不会称它为直觉，它可能是一个念头、一种预感或一种内心的感受，不管称它为何物，人们的灵感和冲动都来源于它。对于大部分教练来说，拥有直觉这个技能是需要开发和练习的。直觉非常重要，有时它所带来的感受和信息要远远高于有意识的分析和推理。

好奇心

共创式模型中的一个基本信念就是被教练者有能力、有资源并且有答案。教练的工作是通过提问的方式来引导被教练者进行探索。好奇心这个要素提供了一个发现未知答案或获得洞察力的一种框架。好奇心是开放的、吸引人的、广阔且充满乐趣的。是的，它甚至充满魔力。就像对科学的好奇心引导着人们去探索更深层次关于事物、生命和宇宙的问题一样，教练过程中的好奇心会使教练和被教练者并肩进入被教练者生命中去探索更深的领域，期待着能够发现些什么。

教练在这个探索的过程中，可以通过极具针对性的问题打开被教练者封闭的心。但注意，教练不是一位审讯官。当被教练者开始学会对自己的生活充满好奇心时，压力和危险也就随之降低。好奇心也会使他们渐渐愿意思考一些负面信息，并尝试做一些有挑战的事情。

深化与推进

学习和行动是被教练者与教练并肩努力的产物。学习和行动这两种力的共同作用使改变成为可能。因为推进被教练者的行动对完成教练的目标至关重要，所以推进被教练者行动的实施是教练的核心目的之一。

促使蜕变的另一种力量是学习。学习不是"行动"的简单副产品，而是一种与行动同等重要且互补的力量。学习可以帮助被教练者看到自身的潜力，产生新的想法，带来更多的机会并能强化蜕变的力量。

关于教练，人们普遍存在一个误区，那就是很简单地认为教练就是指导人们更完美地完成某个任务。正是由于这种误解，大家都感觉教练就像一个检查铺床、检查作业的唠叨家长一样。在某些组织中，他们就像拿着尺子的老师，总是想测量哪里不对，随时准备着惩罚学

生。但教练并不仅是为了完成任务，它也是关于持续学习的，能让人了解行动能否对三个原则起到帮助作用。学习和行动及原则之间的连接是关键。甘地说过："生活可以更丰富，而不是简简单单地加快生活节奏。"同样，在共创式模型之中，生活可以更丰富，而不只是增加更多的行动。

自我管理

为了能够真正地关注被教练者的议程，教练自己不能成为绊脚石，这通常不是一件容易做到的事情。自我管理是一种能使教练把个人观点、偏好、骄傲、防御心态或小我放置一边的能力。教练应该沉浸于被教练者的状态和感受（Over here），而不是忙于处理自己的思想、分析与判断（Over there）。自我管理意味着教练放弃做自以为正确、让自己得意的事情。光芒应该始终在被教练者身上闪耀，而不是在教练身上。自我管理是对自身影响的觉察。在教练过程中，被教练者也会学习对自己生活的自我管理。他们通过教练的行为体验自我管理的影响，从而提升对自身影响的觉察能力。

模型中教练的角色

教练可以说是一个蜕变推动者，把被教练者带入蜕变的公式而并不知道计算的结果。跟随着教练的引导，被教练者的目标、计划、新的尝试、新的衡量标准和一个个的成就都成为被教练者蜕变过程中的一部分。教练就像一个重要的催化剂，加速整个蜕变的发生。

教练绝不是一个被动的角色。我们认为的教练，尤其是共创式教练，作为提供服务的一方需要全然投入并处于临在的状态。不管是与个人的被教练者沟通，还是服务于企业内部被教练者，沟通都是有目的甚至有更高的使命和意义的。在共创式教练的世界中，教练服务于被教练者的使命和意义。当教练关注被教练者的使命和意义时，也会支持被教练者蜕变的发生，这些改变带来的影响也将在被教练者的家庭或组织中扩大。在被教练者向更高的使命进发时，蜕变就会在这个世界产生涟漪效应。

帮助他人蜕变是令人愉悦的体验，教练的生命也会因此而充满意义。帮助他人实现梦想或释放潜能，最终实现不一样的人生，这或许就是教练陶醉在自己工作中的原因。

共创式的方式：更广泛的模型应用

虽然本书从专业教练的角度，对教练关系中的重要元素进行了描述，但是也介绍了如何在非正式的教练对话中应用模型。这是一个更广泛的应用场景，对共创式模型的深入理解会极大地促进对话的效果。作为与员工一起解决燃眉之急的经理，你不太可能把注意力放在讨论对方的自我实现、自觉选择和活在当下上。然而，从某种程度上来说，即使你的注意力在眼前的细节上，领导者的智慧也会在背景中识别出这些原则。高效的领导者能看到一个完整的、拥有潜力的人。他们会把问题看作一个发展与提高的机会。通过这样的实践来提高对方的技能与意识，将有助于形成全新的、赋能的有效关系。

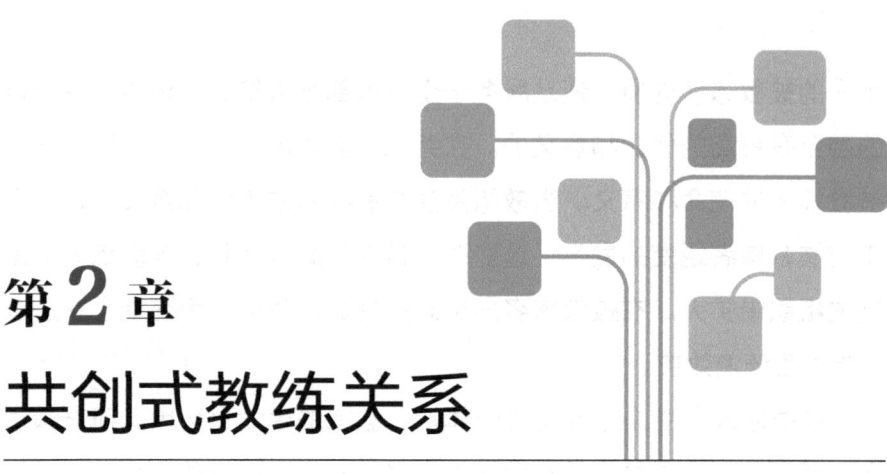

第2章
共创式教练关系

与其说教练是一种方法论，不如说它是一种关系，一种特殊的关系。现实中确实有很多可以学习的教练技巧或各种可用的教练工具，但真正有效的教练过程离不开教练在特定关系中所表现出的能力。这对于正式教练关系中的专业教练来说是重要的，对于与下属进行教练对话的管理者来说也同样重要。对话的形式或情况会有很大的不同，但所有教练过程都需要在有意识建立并维护的关系中展开。

让我们从共创式关系对于专业教练意味着什么开始。它始于一种意识，认为每个被教练者都有各自不同的生活与工作场景，他们都是独特的，有不同的处境、不同的目标、不同的动力、不同的能力、不同的兴趣，甚至有不同的自我否定模式。教练可以讨论被教练者关注的一些具体话题，如职业转换、生活变故、绩效提高、工作中的领导力或健康问题，但一定要在更广泛的背景下进行讨论。

实际的情况一般是这样的：随着时间的推移，被教练者逐渐清楚什么对于他们是重要的，逐渐深入了解行为背后的深层动机，逐渐通过不断的行动领悟到更多，最终目标也随着时间的推移改变了。从来没有一个"权威的通用教练参考手册"，为教练场景给出一个标准的分析过程，也没有一个完美的终极教练解决方案。教练的方式之所以能够成为蜕变的媒介，就是因为过程是动态变化的。而且动态变化也是教练行为的基本特性。教练是个性化的，每个教练过程都是独一无二的，教练关系是为了蜕变而产生的独特且赋能的关系。

在共创式模型中，同样强调关系的对等性。教练与被教练者虽然角色不同，但是在关系中的地位是平等的。他们是共创式关系，他们是共同创造者与合作者。

教练关系可以用一个三角形来表示，如图2-1所示（教练能量三角形）。教练传输能量至教练关系中，被教练者也传输能量至教练关系之中，没有能量输至教练一端。被教练者被教练关系所赋能，从而拥有更多掌控生活和选择的能力。在图2-1中，所有关系中的能量都是为了服务被教练者而存在的。实际上，共创式教练必须把意识从"我（教练）很强大"转变为"教练关系很强大"。强有力的教练不是因为有强大的教练，而是来自强有力的被教练者体验。

你可以把教练关系想象成一个充电站，被教练者利用这个能量场来克服生活中的阻碍。被教练者会因为能量不足而无法完成挑战。能量不是直接从教练那里获得的，而来源于教练关系。关系中的能量一方面来自被教练者的愿望和动机，另一方面则来自教练的承诺、技巧与对人性和蜕变的理解。

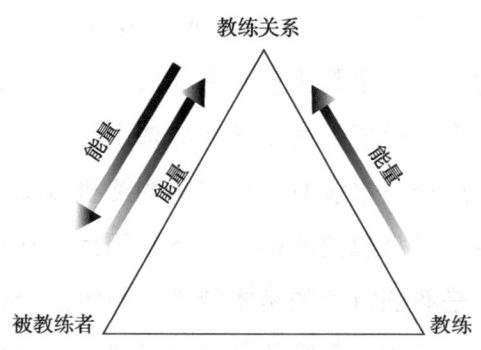

图2-1　教练能量三角形

当把背景切换为团队领导者和管理者在工作中的非正式教练关系时，这种能量与赋能模型会呈现出第三个维度。教练文化金字塔，如图2-2所示。从模型的侧面来看，作为教练的领导者及被教练者的角色依然可见。组织的重要作用虽然隐藏了起来，但依然提供基本的架构和支持，在这个场景之中，支持着领导者与被教练者。

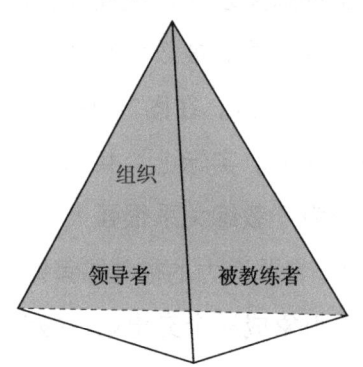

图2-2　教练文化金字塔

在组织的三维教练视图（见图2-2）中，每个维度都会获益。坚实的赋能基础延伸至被教练者、领导者，最终到组织。在教练文化中，组织、领导者及被教练者都会为关系输入能量并且同时被关系所赋能。在赋能的关系状态下，被教练者与领导者都会得到成长。随着他们的成长，他们的能力与贡献也在增长。模型中的能量以自充电的方式在三维空间中流动，这建立在组织对教练文化的投入及因此而产生的赋能关系之上。它展现了强化每个角色对于整体独特贡献的重要性。在这种情况下，同频共振在三维关系中发生了。

教练环境

在教练过程中最基本的要素就是对话，是指教练与个人之间的对话（一对一教练），或者与团队之间的对话（团队教练），甚至与关系中的多人的对话（关系教练）。但这不是普通的日常对话。有效的教练对话会触及心灵，促进被教练者的学习、成长和改变，是关于唤醒蜕变的。关注某个话题、考虑哪些行动、做出什么样的承诺、对结果的承担责任都是为了这个更大的目的。所以，发生对话的环境至关重要。

教练环境，一方面是指物理环境，另一方面是指由基本法则、期望和约定所形成的关系环境。大部分的对话都发生在嘈杂的环境之中，噪声不仅包括能听到的噪声或高分贝的噪声，还包括干扰、优先级、情绪、最后期限、家庭琐事……这样的噪声没有穷尽。支持一个有效教练对话的目标是营造一个尽可能清晰、安静、将噪声降到最低的关系环境。

在共创式模型中，有效的教练对话环境有两个特征：第一，它是安全的，被教练者有足够的安全感，因此愿意做出有风险的尝试；第二，它是富有勇气的，能够激励被教练者做出有意义、有创意的选择并愿意为之做出承诺。

需要说明的是，安全并不意味着舒适。剧烈的改变可能令人非常难受，但应该保障过程是安全的。像攀岩者爬到山巅，攀登的过程可能让人感到兴奋、疲惫和惊险，但由于攀岩者知道自己的身边有一根保护绳，所以这使他们确认自己是安全的，这样才能充满信心地努力攀登。

安全和富有勇气是有效的教练环境的属性。当这两个特征具备之后，关系之中的信任与保障不仅是一张安全网，更像一个有动力支持的跳板，让被教练者可以去触碰那些看似无法触及的东西，实现更高的目标。这种基本的环境属性，形成了我们称为"容器"的教练关系。

❑ 保　密

改变意味着改变熟悉的事物或打乱已经建立好的秩序。这可能令人兴奋，想马上开始，但或多或少也会让人感觉有些冒险。即使被教练者及其周围的环境完全支持这种改变，但改变的本质是未知的。如果被教练者要冒险进行重大的改变，他们应该被鼓励在教练过程中畅所欲言，大胆地说出他们的担心和顾虑，这对探索和采取行动非常关键。没有保密性与安全性的保证，在教练的过程中被教练者（客户）会变得非常小心谨慎，而教练总感觉有一种潜在的顾虑让自己止步不前。

教练在为组织内部的被教练者服务时，不得不面对更复杂的环境。教练与被教练者之间的保密承诺是进行安全且充满勇气的对话的关键。但因为企业对结果的要求，经常要求教练之后填写某种形式的报告。通常情况下，可以让被教练者来填写相关教练报告，一方面被教练者对组织的需要更加了解，另一方面也履行了教练对被教练者的保密承诺。

❑ 信　任

对教练对话的保密达成共识是建立信任的关键因素。随着被教练者和教练关系的深入，被教练者感受到教练关系所带来的好处或结果，信任逐渐建立。信任还会受到一些细微的事情影响，如准时和言而有信，因为信任是双向的，所以信任对于教练或被教练者同等重要。教练必须用行动证明自己是值得信赖的。

教练毫无保留地相信被教练者也会更进一步建立信任关系。大多数情况下，人们在被接受进入某个圈子之前，要先证明自己的能力及自己是值得被尊重的。关系的建立通常基于证明、解释和确认。而教练关系建立在不同的前提之上：被教练者拥有创造力、存在无限可能性，并且是完整的，能够做出最好的选择。这种关系建立在对被教练者能力和诚信的基本信任之上。被教练者可以从教练那里感受这份相信，教练相信他们可以实现自己的承诺，相信他们可以成为更好的自己。

这是一个看似矛盾的情境，一方面教练完全相信他们的被教练者，另一方面又推动被教练者承担责任。"承担责任"不是评判被教练者是否履行了责任，而是通过"证明给我看"来确认。教练用简单的问题如"进展如何"及"你有什么收获"，让被教练者对自己的承诺和学习负起责任。被教练者会看到教练是真诚地与他们在一起，不仅尊重他们的想法和行动计划，而且为他们的成长给予直接而真实的反馈。

通过创建一个激发勇气的"容器"，教练可以保障被教练者有足够的安全感去冒险。这其实是允许自己脆弱的过程。随着每次感受脆弱的行动，喘息的空间就会多一些，信任也会增加一些。这种信任的累积使得环境更为安全，同时让被教练者更有勇气。一个适当的环境会创造一个在脆弱中成长的自我赋能系统。

真诚表达

"真实"是教练环境的一个特性。在蜕变过程中充满安全感的、富有勇气的环境必定是一个能够真实表达的空间。在这个空间里，被教练者可以毫无顾忌地说出全部的事实，哪些完成了、哪些没完成，不会像一个不安的孩子担心被家长责备。这是一个没有评判的空间，教练期待被教练者可以真实地做自己，因为教练相信真实只会带来更多的学习，让被教练者有新的发现和新的洞察。

同样，被教练者期待教练说出真相，因为那是教练关系中承诺的一部分。被教练者会因为与问题离得太近或者因为自己的经历、习惯和固有的模式而不能客观地看到全部真相。这可能也是他们寻求教练服务的原因之一。他们依赖教练的洞察力在混乱中穿过迷雾。因此，在教练关系中，坦诚和真实沟通是教练对被教练者的承诺。

真实反馈不一定是对抗性的，尽管它可能要求被教练者直面想要逃避的问题。它可以是犀利的或柔和的。"说实话"就是拒绝打擦边球或逃避问题，就像《皇帝的新装》中勇敢的孩子一样；"实话"中没有评判，教练也仅仅是根据自己的观察做出反馈；不说实话对教练和被教练者都没有益处。

真正的教练关系不是让人感觉舒适（Nice），而是让人感觉真实（Being Real）。教练可以小心翼翼（Careful）……或者，也可以带着对被教练者的无比关心（Care Fully）说出他们看到的真相。当教练勇敢地说出真相时，被教练者也会直言不讳，教练与被教练者才会建立更多的信任。

🗇 开放与自由空间

教练关系的另一特质是有自由空间。被教练者可以在里面无忧无虑地呼吸、探索、幻想或者不设限地尝试。这是另一个世界，一个充满梦想的世界。在这个世界里，他们可以释放自己的愤怒和不满、苦恼和焦虑，表达感受到的不公和遗憾。在这个世界里，他们接受失败是学习的过程，用好奇心与创造力代替僵化的规则及绝对的经验。

对教练来说，有自由空间意味着将被教练者的行为与结果分离。教练持续关注被教练者，关注他们的议程、健康和成长，而不是他们从哪条路到达、以什么样的速度到达或者是否走了弯路，只要他们不停地朝着期望的方向努力就可以了。教练不关注被教练者最终交付了什么，只关注被教练者在过程中创造了什么。教练也可以通过提出自己的想法来帮助被教练者，和被教练者一起头脑风暴往往在教练过程中能够为被教练者带来价值。但为了保证教练关系中的开放性，教练必须对被教练者是否听从自己的建议不抱期待。教练关系中的自由空间属性要求被教练者始终保持自己的灵感与创意，不管教练的想法听上去多么不错、多么可行，也不要受其局限。这样被教练者才能够探索更多的可能性。

建立同盟关系

前面已经从概念上讨论了被教练者与教练的关系。实际上，被教练者与教练是有意识并慎重地建立工作关系，并在整个教练过程中持续调整。在共创式模型中，建立的同盟关系在教练与被教练者的周围，并作为工作的"容器"为教练与被教练者提供支持。

不同的教练或同一个教练与不同的被教练者之间，同盟的建立不尽相同，对话过程中所产生的同盟关系包含了教练与被教练者的假设和期望。这个有目的的对话过程是为了澄清教练的过程与期望的产出，并且提供了一个能够随时调整关系的框架。这对被教练者和教练来说都是重要且有力量的。

简单来说,同盟的建立需要关注以下问题:有哪些条件可以促使双方更高效地合作?有哪些已知的障碍或潜在阻力?为了获得更好的结果,有哪些基本问题需要解决?随着教练过程的推进,也会出现其他问题,如哪些方法效果显著,哪些效果一般或根本无效,如何能够使教练关系更加有效。

有意识地创建高效工作关系的初次对话仅是一个开始。抱着开放的心态,不停地寻找更高效的合作方式贯穿于共创式教练关系的始终。从某种意义来说,教练与被教练者关系的品质会直接给被教练者在今后工作、生活中实现蜕变带来影响。对教练关系建立的投入度、信任度、开放度等都是对教练关系品质的衡量。

对于领导者和管理者来说,建立的同盟关系可能不是结构化的,但同盟的本质依然是重要的。管理者的教练绝对不只是对团队成员或直接下属“实施教练过程”。在组织或领导力场景之中,教练同盟的本质是对员工支持与发展的承诺,这是教练作为领导力与管理能力的核心。作为团队的领导者,你不太可能用一小时跟每个团队成员建立一对一的同盟关系,但如果认识到教练对于组织的价值在于支持每个人的成功与发展,并将教练对话应用到组织实践中,教练文化将在这样的组织中蓬勃发展。

教练形式

过去10年中,教练无论作为一种职业还是专业实践,已经以不同的形式延伸到不同的领域及环境中。如今,一个共创式教练可能是独立教练,也可能是组织或企业的内部教练;你会在包括监狱、医院及公司的董事会议上看到他们的身影。还有一些企业管理人员,成为企业内部的兼职教练；也有人将教练的方法运用到咨询过程中，为被教练者提供更好的支持和跟进。

一些专业教练为私人客户提供一对一服务，还有一些为组织、团队或有各式各样关系的人提供服务。当今的教练已经成为一个全球性的、跨文化的专业领域。教练与被教练者的背景已经跨越了不同年龄、收入、教育、族裔及职位。很多教练也选择了自己感兴趣的方向，如专门服务于高管、移民、外籍人士、艺术家、音乐家、家长甚至青春期的孩子。

教练发生的环境也是多种多样的。很多教练通过电话和被教练者进行定期沟通，可能是每周一次或多次。一些教练和被教练者倾向于面对面的沟通，可能在被教练者那里，也可能在教练的办公室，或者在其他地方。教练一般会和被教练者签订一个有固定期限的合同，如三个月、六个月乃至一年。也有一些教练与被教练者倾向于有相对开放灵活的关系。正式的会议室内、家中或山野别墅都可能是教练工作的地方。

在共创式教练的框架之下，受过专业培训且经验丰富的教练使用多种多样的教练工具与测评方法。教练的想象力和被教练者的兴趣会持续激发更多的形式与场景。然而，无论教练采取何种形式，有效的教练都需要通过教练和被教练者建立同盟关系来创造更令人安心和富有勇气的空间，并使之最大限度地发挥教练的作用。

教练的开始

通常教练会使用启动环节来创建与被教练者的关系。这是一个非常重要的过程，可以让被教练者熟悉教练过程，与教练一起建立同盟关系并厘清被教练者的目标与困扰。这一过程的实施并没有一个标准的模式，有些教练会使用简单的访谈或几个简单问题开场；有些教练可能使用若干环节来启动教练过程，如使用各种测评工具，对被教练者的同事、上级或家庭成员进行访谈。这个启动过程也可能在一些线下的工作坊中完成。

在这个启动过程中，被教练者会调整自己对教练的期望。这也是一个了解现状、目标及障碍，同时发现优势与资源，以及如何达到目标的澄清过程。

这个过程一般会涉及四个方面：

准备工作；

描述现状；

设计未来；

讨论教练。

准备工作

首先，沟通并就基本规则达成一致是启动环节的重要组成部分：确定细节，包括预约时间、取消和终止的规则及支付安排（如果需要）。这些细节的确定是建立良好关系的重要因素，一方面被教练者会逐步调整自己的期望，另一方面它也是教练开展的基础。教练如何处理这些细节，特别是如何与被教练者达成共识，确定了教练氛围、规则和基调。

描述现状

描述现状是一个探索的过程，这个过程关注被教练者目前的情况及造成现状的原因，这也是一个关于了解被教练者的生命进程及当下困扰的对话，这个过程能够揭示什么对被教练者重要，什么能激励他们，什么又让他们止步不前。对话可能涉及被教练者的人生意义、使命、价值、原则或信念等问题。一般来说，教练会使用如图2-3所示的人生平衡轮工具来对重点领域做出整体评估，或者针对被教练者的具体情况设计类似的图表。（教练在线工具箱提供了更多使用方法和更多探索工具，可登录coactive.com/toolkit获取。）

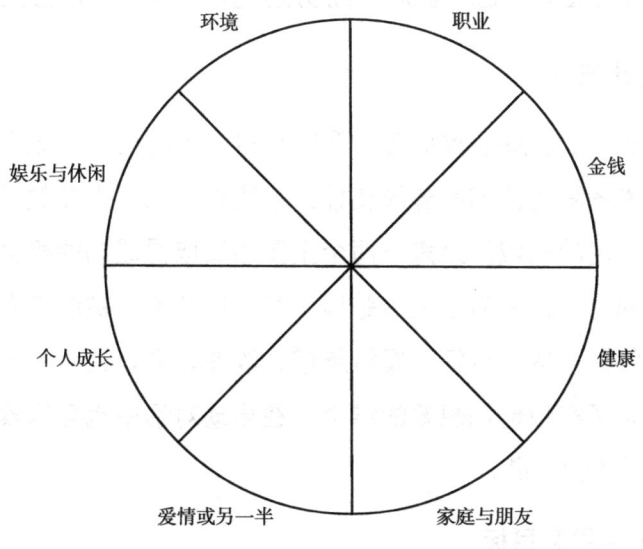

图2-3　人生平衡轮

　　教练和被教练者可能通过讨论被教练者过去经历的失败或成功的案例，来了解哪些方法有效，哪些方法无效，什么让被教练者感到满足和充实，以及成功突破阻力和障碍的策略等。在这个阶段，教练由表及里地逐步了解被教练者的各个方面：闪光面、阴暗面、高效的一面、低效的一面。

　　教练也可以使用测评工具或小练习，这一探索过程的核心是回答几个重要的问题：你想在生活中的哪些领域有所改变？在与他人的关

系中你最看重什么？哪些是你实现改变的有效因素？你一般会在什么
地方被卡住？你前进的动力有哪些？你是如何面对失望和失败的？你
如何面对你承诺后的行为？

以下这些问题的答案会清晰地勾勒出应该如何建立赋能的教练关
系。例如，你一般会在什么地方止步不前？会自然而然地引出下一个
问题：当你止步不前时期望作为教练的我如何支持你？一问一答之
间，被教练者会体验到同盟关系的形成并参与其中并为之贡献。

设计未来

设计未来是了解被教练者的渴望和对教练的期望。这个步骤着重
于让被教练者陈述他们希望改变什么或实现什么。大多数被教练者有
一两个最关注的领域。聚焦一两个主要领域取得成功的机会也更大，
启动环节的对话也是为了更清楚地了解这些领域。被教练者对未来的
期望可能包括：达到目标，履行承诺，改变习惯，让生活更充实、更
有意义。为了实现他们想要的结果，在启动对话中也会探索被教练者
对自己的期望和承诺。

期望的结果和目标

被教练者把蜕变的渴望带到教练过程中，他们想象中的结果可能
是模糊的，也可能是清晰的，但不管是清晰的还是模糊的，他们想要
的结果还没有达成。期望的结果可能是某些具体的目标，也可能是被
教练者期望的某种状态，如"平衡""在病魔威胁下也能平静地生
活""对工作拥有更多满足感"。

启动过程中会澄清期望的结果，并在很多情况下把空泛的愿望转
变成具体的目标：什么需要发生？什么时候发生？被教练者如何确认
自己已经获得期望的结果？教练与被教练者一起找到清晰的目标并制

定实现这些目标的策略。与实现目标同等重要的是开始新的尝试。通过各种唤醒生命的实践，逐渐摆脱吞噬生活的不良习惯，这也是教练的一个重要方面。

美好愿景

人们会被最后期限、无穷的欲望或一个又一个的待办事项推着前进，对金钱的渴望、对成功的渴求或对他人的承诺也可能驱动着人们。美好的愿景是一股强大的牵引力，吸引着人们向前，就像山间奔流而下的瀑布一样。你应该可以感受到两种不同的力量：一种力量在背后推动你、驱动你；另一种力量在前方牵引你，让你无法止步不前。人们需要探索什么样的牵引力能够让自己克服颓废和恐惧。寻找美好愿景可以产生新的目标、行动或结果，并且不断为人们注入新的能量。启动环节的一个相当重要的元素就是发现或构建这种美好愿景。

你想要成为怎样的人

对"疯狂"的一个定义是不停地以同样的方式做某件事并期待着不同的结果。如果不改变，则没有变化。一般来说，外在的变化都伴随着内心的改变。为了获得期望的结果，被教练者需要调整心态、改变习惯乃至重新审视内在的信念。一段新的教练关系会给你一个非常好的机会，让你剥离原有的身份和角色，发现一个更为真实的自己。

讨论教练

教练启动环节的另一个作用是帮助被教练者更多地了解教练的过程和特性。即使之前被教练者有过被教练的经历，也可以利用这个机会和教练讨论假设、顾虑和对教练关系及教练的期待，因此这一过程非常重要。通过这种方式，教练和被教练者双方都为进入教练关系做

好了准备。清晰而直接的对话会创造真诚又轻松的环境，进而强化共创式关系的基础。

"内稳态"——改变的阻力

开始教练时，需要让被教练者认识到在改变中"内稳态"可能带来的影响。俗话说："积习难改。"固有的观点和做事方法会互相影响，这种影响一般发生在变革的攻坚阶段，即老的方法还没有失效，新的习惯还没有养成的这段时间。如果被教练者没有迅速得到他们期望的结果，那么这时他们会被一股强大的拉力拉回到之前熟悉的、习惯的状态中。

蜕变的过程需要能量，持续蜕变则需要可持续的能量。有些改变很容易，有些却很困难。让被教练者感到挫败，经常会有一种想要回到原有状态的倾向，这是一种诱惑。让被教练者了解，当这种诱惑发生时，不要认为是自己的失败，阻止改变的发生是系统"内稳态"的自然属性。这是成功过程中必须要经历的、很自然的事情。

不管是私人客户还是企业中的员工，他们都存在于一个系统之中，而系统往往不喜欢变化。被教练者周围的人也许没有准备好面对改变，尽管他们会被改变所影响。对系统阻力的觉察和认知能够帮助被教练者在变化中前行。

教练中的神经科学

教练方式的影响体现在改变上，这是教练有效性的明确证据。人们看到新的行为产生，这是外在且可见的变化。过去几年中，我们对教练关系带来的内在状态的改变，如心态、思维模式的改变有了更多的了解，这让我们看到教练方式的背后也有着坚实的科学依据。

教练能激发想象力，也能充分发挥好奇心的威力。神经科学的研究强化了教练从经验中了解的内容：关注所向，能量所致，并且这种能量取之不尽。实际上它创造了新的神经回路（新的态度、新的信念、新的期望）。正因为它是建立在这些新的神经回路之上的，所以随着时间的推移，教练带来的结果是可以持续的。

教练通过关系建立连接、加深信任及做出承诺。被教练者通过这种交互方式实现赋能（特别是共创的方式，因为它就是为通过赋能关系驱动改变而设计的）。大脑中的化学物质强化了赋能关系所产生的影响。

神经科学研究了两个脑半球之间的关系——创造力与认知的相互作用。有效教练过程的产出需要这两个半脑的共同发力：清晰计划与丰富想象力的结合。引发蜕变的教练是一个以人为本，融合了深思熟虑、情感共鸣及全身心投入的过程。

关于神经科学的内容远远超出了人们的认知范围，但这是一个令人着迷的新兴领域。它证实了之前的经验，并为改变的发生提供了更多洞见。[1]

整体来看

为了保证教练的顺利进行，被教练者必须承诺投入。在教练过程中被教练者需要去探索、改变、学习和承担风险，当遇到困难时也不

1　更多神经科学与教练相关的信息请参考网站：beaboveleadership.com 与 neuroscienceforcoaches.com。

轻易放弃，承诺投入时间和精力。为了蜕变的发生，被教练者必须愿意走出他们的舒适区，面对不确定性。没有被教练者对此的承诺和投入，教练就会变成收效甚微的闲聊或一个一个的待办事项。幸运的是，大多数被教练者一开始都会精力充沛地投入，这是让被教练者澄清和声明他们承诺的最好时机。

另外，教练需要给被教练者一个明确的承诺，承诺能够不断深入挖掘、大胆反馈及深度聆听。有着这样承诺的教练过程将是精彩和激励人心的，绝不会是平淡无奇的。能够为了被教练者及其终极目标而做出承诺的教练会愿意挑战、激励被教练者，有些时候也会坚持让被教练者负起应有的责任。这是"唤醒蜕变"的实际应用。

当教练的专业度和100%的投入与被教练者的承诺和投入交汇时，真正的共创式关系就诞生了。这种在相互承诺基础上形成的被教练者与教练之间的信任同盟会创建一个安全且有勇气的空间。在这个空间内，被教练者可以完成对他们至关重要的蜕变。

领导者的共创式方式

正如在本章开头所说，如果作为团队领导者和管理者来进行教练，形式看上去会有所不同。教练关系会是非正式、少结构化的。教练的话题会从业务和工作中自然产生。教练也会更关注短期的结果，而不是长期的个人目标。

教练过程有一个非常明确的业务目标。它不应该只是解决当前的问题，还应该包括对员工成长的助力，尤其是管理者与领导者的成长。无论是正式的还是非正式的，每次的教练对话过程都会使被教练者、教练及组织受益。

实际上，在组织环境中，终极目标是营造一种共创式的文化氛围。这种文化氛围渗透且赋能组织内的所有关系。每次的对话不一定都是完整的教练过程，但绝对是体验共创式赋能关系的好机会。当这种文化成为主流时，一个安全和富有勇气的空间就产生了。在这样的空间中，每个人都会清晰地感受到开放、信任和支持，从而可以获得更高的绩效。

　　有一种方法可以创造这种文化，并促成教练与被教练者之间的有效互动。在第2篇中提供了一些具体可执行的要素。在接下来的五章内容中，我们将讨论如何做。

第 *2* 篇

共创式要素

到现在为止，我们是通过共创式模型的视角来审视教练对话过程的。我们也区分了共创式关系的独特性，无论是在正式的教练服务中，还是在领导者或管理者所进行的教练对话场景下。在接下来的这个部分，我们将描述共创式教练角色在共创式对话中的特性，这也同样适用于专业教练及领导者或管理者，它们是五个不同的共创式要素：聆听、直觉、好奇心、深化与推进、自我管理。

五个要素中的任何一个都是共创式教练（或在共创式对话中的领导者、管理者）在教练过程中需要用到的。想象一名被教练者被这五盏聚光灯所照耀。在一个瞬间某一盏灯可能比其他的灯更亮一些，但五盏灯都是同时打开的。每一道光束都代表了一个特定的、在共创式对话中发挥作用的能力。在教练的过程中，教练凭直觉与经验从这五个能力中选择一个融入对话。通过练习和实践，教练可以将这五种能力磨炼为顺手的工具，为教练对话赋能。

每个能力都有相关技能与之相连，在接下来的五章中将描述这些技能并给出示例。这些技能都是一些实用的方法，让人们可以将五个要素用到教练的过程中。这些技能也是要素（所描述的能力）的具体行为表现。每一章都通过教练对话示例来演示这些技能，同时也提供一些练习让你来提高自己的技能。

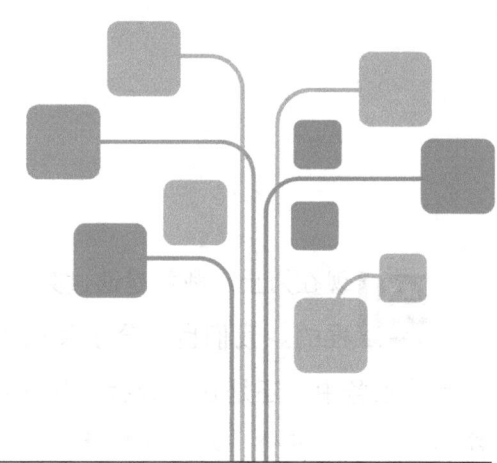

第3章
聆 听

被真正聆听是一种震撼的体验，一部分原因是这不常见。当聆听者完全追随着你的言辞，沉浸、好奇于你的每段话并感同身受时，你会感受到被看见和被理解。一旦感觉被聆听，倾诉者会更多地吐露心声，会感到更安全，会更相信彼此。这就是聆听对于教练如此重要，并且在五大要素中第一个被提及的原因。

会聆听是一种天赋，而且对于聆听有不同的衡量标准。成为教练的人常常是有这个天赋的人。聆听可以通过后天的学习和实践来习得。大师级的教练会把这个天赋发挥到极致。事实上，他们会像运动员在比赛中或音乐家在演奏中一样下意识地使用聆听这个能力。

大多数人不会认真地聆听。一般来说，在日常工作的压力和快节奏之下，能应付生活已经很好了。社交媒体已经训练人们用140个字进行对话，更有甚者干脆用"点赞"按钮来替代对话。谁有时间更深层次地聆听呢？从某个角度来说，这完全可以理解，但这又有些像快餐文化，使人们错过了令人满足并且营养丰富的大餐。一对一的教练过程，就是投入时间进行更深入的、更令人满足的对话。对于教练来说，用全新的方式聆听是关键。对于领导者和管理者来说，对话过程可能更为简短，不会像自助大餐那样丰盛。即使简短的教练对话对关系来说也是一种滋养，并能够让对方感受良多。

在日常的聆听中，人们主要关注表层的意思。关注"你说了什么"或"我说了什么"，并抓取对话中的细节，陷入喋喋不休的争论："这不是你说的。""这是我想表达的意思。""但你确实不是这么说的。" 团队领导者和成员经常就一个重要的问题在表层进行对话。他们感受到压力，需要立刻找到问题、评估选项、选择解决方案，并尽可能快地切换到下一个话题。也许有时这是需要的。然而，如果这是对话的唯一形式，那么在跨过终点线之前就有可能错失巨大的潜在机会、有创造力的探索过程、有建设性的思考，以及更多的学习机会。

另一个在生活和组织之中经常发生的现象是，对话中的连接比较脆弱。人们开始一段对话，几秒钟内就断线了，被无数让人们分神的事情带走了。可能这些事情很重要、有吸引力，或者只是一些无关紧要的事情。人们生活在一个无线网络的世界中，随时且无声无息地开始连接和断开连接。这样的情形在对话之中不停地发生。

你可能注意到自己或他人都有这样的情况，总在想着下一句该说什么，而不是真正地聆听对方。人们总是在类比，寻找更戏剧化的故事。例如："你觉得很可怕？让我来告诉你我以前……"人们用自己的感受来诠释所听到的内容，用自己的方式来思考。聆听如果浮于表面，人们就会根据听到的内容去衡量和判断他人的表达。

真正聆听的缺失在工作中尤为常见。在完成工作的重压之下，人们会聆听最少的内容，然后赶到下一个起火点"救火"。这样的后果是：大家感觉自己就像一个旋转的机器，而不是一个活生生的人。在当今的企业中"员工参与度低"已经成为非常严重的问题。人人都在说，但没有人在听。

在有效的教练中，不管是专业的教练还是员工的领导都需要有效、专注而有技巧地聆听。最好的聆听者懂得如何最大限度地利用聆听中的互动（Interaction）。因为聆听不是消极地听，所以"互动"是一个很恰当的词：聆听中包含着行动。

认知和影响

教练中的聆听包括两个方面。第一个方面是认知，第二个方面是影响。

第一个方面，认知。认知包括使用耳朵来接收信息，也包括使用所有的感官和直觉来聆听。人们聆听、观察和体验声音、词语、图像、感受，还有能量。人们关注所有被感官捕获的信息。人们拥有不同的接收器来接收各种不同类型的信息，每个接收器都会收集到信息。注意电话另一端的呼吸、语言交流的节奏、声音的语调。人们能够感受到语言背后的压力——声音可能是婉转或强硬的、试探性的或被激怒的。人们不仅聆听对方，同时也会聆听在当前环境下发生的一切。

在面对面或视频会议中，人们会注意到肢体语言表达的内容。在电话中，人们能感受到情感，能感受到沉默之中蕴含着无数的信息。因为人类很难停止分析、辨别和解释这些收到的信息，所以保持开放、觉知的状态很关键，这让人们可以不断地接收信息。

第二个方面，影响。影响是指聆听给对方带来的影响，特别是教练的聆听对被教练者造成的影响。作为经验丰富的聆听者，你既要有意识地关注聆听的内容，也要觉察到当你按照自己的聆听行动时所产生的影响。只要你的注意力一直在对方身上，这种觉察就会自然发生。

想象你在一场击剑比赛中。因为你需要即时做出选择，回击、闪避或攻击，所以你所有的注意力都会集中在对手身上。你的注意力不在你所做的选择之上，因为这样会分散你的注意力，会带来灾难性的后果。等到比赛结束以后，你可以总结刚才的行动，回顾之前的选择。同样，当你聆听时如果能够觉察到自己的影响，你就不会关注如何接收信息或者下一步该怎么办。你的聆听在超意识与潜意识层面同时发生。

面对你的觉察，你做出的任何选择都会对你产生影响。例如，想象你在一个拥挤的房间，突然闻到烟味。有可能着火了。你的注意力完全被烟所吸引，你的第一意识就是着火了。之后你开始思考如何使用这个信息。你可能大叫"着火了"或随口提醒一下别人。你可能抓起灭火器，冲过人群，勇敢地与火焰搏斗；也可能从侧门溜走。每个选择都会带来不同影响，你针对觉察产生的行动会带来不同的结果。

聆听不是被动的，特别是在教练关系之中。在我们的聆听模型中，描述了三个层次的聆听。三个层次给了教练广阔的空间，最终会帮助教练获得深度聆听的能力。

第一层次：内在聆听

在第一层次的聆听中，人们关注到自己。虽然听着别人的话语，但会关注它对"我"来说意味着什么。第一层次聆听的聚光灯会打在"我"的身上："我"的想法、"我"的判断、"我"的感受，还有

关于对"我"自己和他人的推断。不管在别人身上发生什么，都会通过管道送回到自己身上：一个进去就出不来的单向信息陷阱。人们通过聆听吸收信息，抓住不放并在自己的陷阱中消化分解。在第一层次聆听，只有一个问题：对于"我"来说这意味着什么？

第一层次的聆听在多数情况下是合适的。当人们到一个新的城市旅行时，在很长时间内都会保持第一层次的聆听。当你来到机场准备坐飞机时，你会思考在哪里办登机牌，自己是不是带了护照，离起飞还有多长时间，是否可以把食物带上飞机。在旅行中，大多数时候你会关注到自己的想法和需要，这是理所当然的。

另一个你停留在第一层次的证据是你渴望获得更多的信息。你期望回答、解释、细节和数据。内心的声音可能是这样的：飞机延误了？但是……我会迟到。飞机几点起飞？我如何让其他人知道我会晚到？有其他航班吗？我带的书够吗？第一层次收集的信息是为了满足你自己的需要。

第一层次的聆听发生的典型环境是餐馆。你的意识是自我导向的，你关注所有对你有影响的信息。聆听的结果会影响你的心情、健康、满意度甚至钱包：在点餐之前是否先来杯饮料？今天的特价菜是什么？椅子是不是舒适？有没有生啤酒？我是不是离厨房太近了？价格怎么样？会不会太贵了？你意识到自己的想法和感受。

你所做出的决定、选择、判断都是关于自己的。你喜欢吃这种鱼，但只要不让白色的死鱼眼对着你就行。因为打算减肥，所以你打算点一些低脂肪的调味菜。这时以自我为中心的思想非常活跃。即使对面坐着热恋中的情人，你也只停留在第一层次的聆听上，直到点餐完毕。

第一层次的聆听还包括聆听你内心的回声。与同事一起讨论重要项目的最后期限时，你可能发现自己在想：我不知道午餐吃什么，今天早上我应该穿一件暖和一些的外套，我一定要记得查一下信用卡的账单，新来市场部门的人是谁。

对于领导者与管理者来说，容易陷入第一层次的聆听的情况是基于解决问题驱动的，这是一种强大的、训练有素的并且被鼓励的模式：越快越好。当领导者或管理者只能听到自己的想法、分析和意见，并有强大的动力自己去解决问题时，他们也就错过了一个共创协作的机会。

第一层次的聆听告诉人们关于自己的信息，周围在发生什么。这是人们了解和理解事物的方式，很重要。同样，被教练者也停留在第一层次的聆听。这是他们应该做的：通过分析、思考和感受来了解自己及他们的生活状态。但教练不应长时间停留在关注自我的层次上。教练也是人，会不自觉地失去对被教练者的关注而进入第一层次的聆听，这时教练需要做的是尽快回到与被教练者的连接，回到第二层次和第三层次的聆听中。

◗ 第一层次的对话

被教练者： 新家简直一团糟，到处都是箱子，从大门走到卧室都非常费劲，但我周五之前还得完成一个我职业生涯中最重要的方案。

教　练： 我去年碰到过相似的事情，关键是你要确保完成长期愿景。

被教练者： 真是两难的问题。我上个月几乎全部在出差，我太太对我已经快没耐心了。在家里我真是分身乏术了。

教　练： 事情肯定会解决的，混乱是暂时的。不要让混乱影响真正的问题——保持动力。

被教练者：感觉多少会有些分心。

教　　练：我确信你知道什么是重要的。与此同时，让我们回到你的方案吧。

被教练者：好吧，如果你确定……

很明显，这个教练的聆听停留在第一层次——关注自己的判断和意见，并且推进自己的计划。这个示例想要说明的要点不是被教练者最后的行动是否正确，而是教练的注意力在哪里。很显然，对话中教练的关注点全都放在了问题和带有倾向性的解决方案上，因而没有关注被教练者的两难境遇。

对于领导者或管理者来说，还有另一个版本的第一层次的聆听：内在的自我对话。当领导者看上去在用一种鼓励的方式微笑着聆听的时候，内心的对话是：我还需要站多久才能礼貌地离开？我不相信这仍然是个问题。我们应该开始对外招聘了。15分钟后我有一个电话会议，我得准备一下……

不要欺骗自己。和你对话的人能够区分真正聆听与虚假聆听之间的差别，虚假聆听将带来负面影响。人们从小就被训练解码这些真假聆听的线索。毫无疑问，你一定有过这样的经历，和你对话的人处于第一层次聆听的时候，你感受不到与对方的连接，你会觉得他心不在焉，不真诚，最终将破坏彼此的信任关系。

第二层次：聚焦聆听

第二层次的聆听的关注点是聚焦对方。有时你会从双方的状态上观察到：身体前倾并专注于彼此。这时你的注意力大部分在对方身上，很少放在外部的环境上。

回到餐馆中的两个恋人的场景。餐已经点完了，菜单已经被拿走了。现在他们的眼中除了对方什么都看不到。他们希望尽可能地靠近对方，最好变成一个人。他们沉浸在浪漫之中，完全忽略了外面的世界，似乎活在一个只有两个人的世界中。

作为教练，在第二层次聆听时，你的全部注意力会放在被教练者身上。你聆听他们的词语、表述、情感甚至任何细节；能注意到他们说了些什么，怎么说的；能注意到他们没说什么；能从他们的话语中感受到他们的高兴或悲伤；能感受到他们在意什么；能看到从他们的独特视角观察到的世界，以及所期待的愿景；能听到在教练过程中哪些事情让他们充满活力，哪些事情让他们沮丧和退却。

能量与信息来自被教练者，并经过教练的处理反馈给被教练者。在第二层次聆听时，教练就像完美的镜子反射所有的光线而不吸收一丝光线一样，被教练者表达的内容会反馈回自己。在第二层次聆听时，教练始终意识到聆听对被教练者的影响，不是持续地监控影响，而是因为对被教练者的关注而自然产生的。对于教练来说，如果需要知道下一步该走向何方，被教练者刚刚的反应、上一秒钟发生的事情就会告诉你答案。

第二层次的聆听是在共情、澄清与合作的层次上。在教练和被教练者之间有一条连接线。在这个层次上，教练放下自我，抛开自己的计划、想法和意见。因为绝对关注被教练者，所以教练会本能地跟随被教练者。作为教练，不需要确定下一步的行动方向。如果你总是在寻找接下来要说些什么、有哪些精彩的问题可以抛给被教练者，这说明你还在自己的体验里，很可能还停留在聆听的第一层次上。

当教练在第二层次聆听时，不仅会听到被教练者的语言表达，而且能够意识到以其他形式传递的信息，如音调、节奏和感受。教练选

择回应什么及如何回应。然后你会注意到你的回应对被教练者的影响，并收到相关的信息。在被教练者再次回应之前，教练就像聆听了两次一样。聆听被教练者的初次对话，并且聆听被教练者对你回应的反应。你收到了两次信息，这证明你已经在聆听的第二层次上了。

领导者和管理者应该留意到，第二层次聆听的能力并不局限于私密的教练对话。它适用于与同事或下属的任何形式的对话。以这种方式进行有意识的聆听可能需要练习，这里"有意识"是关键点。当你的注意力全然地转向那个人的时候，时间仿佛变慢了，周围的噪声也会感觉变弱了。当你以第二层次的聆听与别人连接时，你传递的信息是"为了你，我有时间"，而不是"我有时间解决这个问题"。

为了描述第二层次的聆听，以下使用一对一教练对话来进行演示，但第二层次聆听是关于意识的关注点，所以作为商业伙伴、配偶，甚至团队的教练，一对多人的第二层次聆听也是完全可能的。

第二层次的对话

被教练者：新家简直一团糟，到处都是箱子，从大门走到卧室都非常费劲，但我周五之前还得完成一个我职业生涯中最重要的方案。

教　　练：这像什么？

被教练者：我觉得，像生活在一堆盒子里面？

教　　练：我在思考你面对的两难情况，一方面是重要的职业机会，另一方面是对家庭的承诺。

被教练者：确实。感觉我必定会让有些人失望，而我不得不选择让谁失望。我知道如果我不帮忙搬家的话，我很快就会变成单身了。你知道我在说什么，上个月我出差的时候我老婆打包了所有的东西。

教　　练：听上去你把自己放在了一个两难的选择中，不管你怎么选，你肯定输。

被教练者：现在就是这种感觉。

教　　练：我看到你很在意并且愿意直面这个重要且艰难的决定。现在，听上去你在两个选项之间卡住了。

被教练者：我感觉卡住了，没有其他的出路。

教　　练：咱们往后退一步。如果存在第三个选择呢？我们可以跳出现有的局限？

在以上这个示例中教练处于第二层次的聆听状态，跟随着一个更深层次的线索：被教练者如何看待并处理这个问题。教练看到一个可以触发被教练者思考的机会，不仅可以解决当前的困难，还可以应用于未来两难的场景之中。对于领导者与管理者来说，即使短暂的对话过程也能帮助员工或团队成员更好地成长。当人们以这种方式被聆听时，会感受到一种更深层次的支持、承诺和鼓励。如果作为领导者的你需要提高员工的投入度，可以从第二层次的聆听开始。

第三层次：全方位聆听

当处在聆听的第三层次时，就像你和被教练者处在宇宙的中心一样，随时从各个地方获得信息。就像你被一个能量场所包裹一样，这个能量场包含着你、被教练者和充满信息的环境。第三层次的聆听包括你能感受到的所有信息：看到的、听到的、闻到的和感受到的，也包括情绪上感知到的内容。第三层次的聆听还包括行为（Action）、无为（Inaction）和互为（Interaction）。

如果第二层次的聆听是导线连接，那么第三层次的聆听就是无线电场。无线信号波是不可见的，但因为人们能听到从收音机里面传出的音乐，所以相信它的存在。在第三层次的聆听中，人们聆听着无线信号波。信号穿过了人们的天线而成为可以使用的信息。但它需要通过一个特殊的接收器才能接收到第三层次的信号，因为大多数人不像教练一样经常使用第三层次的意识，所以需要练习。对于大部分人来说，这是一个全新的聆听领域。

尝试聆听到第三层次的一个益处是更接近你的直觉。通过直觉，你接收到的不是直接通过观察得到的信息，有时你表达的就像从被教练者口中说出来的一样。在第三层次的聆听上，直觉就是这样的一种信息。作为教练，接收直觉所带来的信息，并加以回应。意识到回应的影响，注意到被教练者对你的回应有什么反应，以及在这一过程中你又注意到什么。

第三层次的聆听有时被描述为场域聆听。注意到温度的高低、能量的等级、光线的明暗，这些不仅是字面上的意义，也是一种形象的比喻。被教练者的能量是平缓的，还是跳跃的？他是冰冷的有距离感的……还是如火一般？是像马上要振翅的蝴蝶，还是像爪子紧抓不放的猎鹰？这些信息都会在第三层次的聆听中捕获。你将慢慢学会相信你的感觉，并可以经常这样提问："我能感觉到你的处境有些尴尬，是这样吗？发生了什么？"

表演者都会发展出强大的第三层次聆听的能力。例如，脱口秀表演者、音乐家、演员或培训师都能够随时感受环境的变化并做出回应，这是对影响有意识的表现。一个能成功影响他人的人往往是善于第三层次聆听的。这些人有能力意识到他们带来的影响，并相应调整自己的行为。

想一想你认识的或观察到的那些令人印象深刻、鼓舞人心的领导者。几乎可以肯定的是，他们都是第三层次聆听的高手。能意识到自己的影响，不管发生什么事情，都可以与之共舞。聆听场域的能力是一项关键的领导能力。

为了达到聆听的第三层次，你必须非常开放并使用软聚焦，对细微的发生很敏感，做好从各个感官接收信息的准备——从自己的空间、周围的世界，以及被教练者的世界里。在某些情况下，被教练者不是一个人，而是整个团队。环境会给你提供信息，尽管你可能一时无法准确地描述你感受到的是什么。这些来自环境的信息有时会大声对你诉说，有时也会低声向你倾诉。

▶ 第三层次的对话

被教练者： 新家简直一团糟，到处都是箱子，从大门走到卧室都非常费劲，但我周五之前还得完成一个我职业生涯中最重要的方案。

教　　练： 我觉得刚才我听到警报响了。

被教练者： 真的吗？

教　　练： 嗯，不是实际发生的。但你刚才说话的速度非常快，而且气都快不够用了一样。这不是你平常的语气。我感觉你和那些盒子一样都被紧紧地打包了。

被教练者： 这么明显吗？

教　　练： 就像四周正在合拢的墙，伴随着急促的音乐。

被教练者： 确实有这种感觉，没有任何退路。在亲密关系与日常生活的世界中，我被逼到了墙角。

教　　练： 你想如何面对呢？

被教练者： 我之前的模式总是想逃避，但这次看上去不得不面对了。我想这次需要把这些都摊开来好好聊一下，就像

打开这些箱子一样。

教练的聆听停留在第三层次上：观察到教练与被教练者之间的细微之处，超越了言语，包括言语和非言语的能量和情感。通过不同层次的对话示例，人们能够清晰区分三个层次的对话。在真实的教练对话中，教练经常在第二、三层次倾听之间进行切换，当不留意回到第一层次倾听时，应该迅速切换回更高层次。

对于有机会进行教练对话的领导者与管理者，第二层次与第三层次倾听的灵活切换同样适用。当然，不建议你在对话之中刻意做出切换的决定：现在，我想我要切换到第三层次聆听了。这种内心的声音会让你失去与员工的连接，进入第一层次聆听的状态。不管什么原因导致了你与对方失去连接并回到了第一层次聆听，教练的目标是在第二层次与第三层次上与对方再次连接。

教练要会聆听

教练中的所有内容都被聆听所串联起来——特别是带着被教练者想要的目标和意义去聆听：被教练者的方向是否与他们的愿景和学习目标一致？他是否活在自己的价值观里？当前他们在什么位置？教练聆听被教练者生命中的信息、被教练者做出的选择，以及这些选择是否让他们接近自己渴望的未来还是远离它。教练也在聆听过程中的阻抗和波动。

聆听是所有教练的起始点。在某种意义上，其他所有要素都依赖于第二层次和第三层次的聆听。聆听是一切教练过程发生的必要环节。

对于领导者来说，聆听的一个特殊的角度就是关注员工的成长。

在专业教练与被教练者的传统教练关系之中，教练的结果产出就是完成被教练者的目标。对于领导者或管理者来说会有两个结果产出：帮助员工实现重要的目标；与此同时，发展自己的领导力技巧与能力。最终同时服务于员工与组织。

需要区分的是你是在聚集解决问题还是教练眼前这个人。这需要一种聆听的能力，把这两个选择都当成潜在的方向，它们是领导者聆听的重要组成部分。问一下自己：问题的哪个部分需要你的知识与能力来有效解决？在这个对话之中有哪些是可以让对方学习成长的机会？

任何对话的过程都可以打开一个学习的机会；在那个瞬间，教练式领导者的角色被激活了。这就是教练的思维和心态可以发挥蜕变威力的场景。当领导者与管理者从管理问题切换到管理人时，这对文化的影响是巨大的。它为员工的成长和贡献创造了清晰的组织价值。员工更投入，领导者与管理者也更主动和更有责任感。这对员工、管理者和组织来说是一个三赢的局面。

下面是展示如何面对两个选择的示例。

▶ **处理问题**

员　工：有三个潜在的供应商可供选择。有两个之前合作过，但三个都是合格的。我们合作最多的是蒙哥马利的这个供应商。

管理者：价格是否可以比较一下？他们都可以按时发货吗？

员　工：蒙哥马利的这个供应商稍微贵一些，但他们的跟踪记录更全面一些。

管理者：这是个加分项。加工工厂那边有什么反馈吗？

管理和教练眼前这个人

员　工： 有三个潜在的供应商可供选择。有两个之前合作过，但三个都是合格的。我们合作最多的是蒙哥马利的这个供应商。

管理者： 你有什么建议吗？

员　工： 说实话，如果再选择蒙哥马利这家的话我会有些不舒服。

管理者： 什么让你不舒服？

员　工： 最近一个订单出了点麻烦，而且还没有完全解决。并且，我觉得他们多收钱了。

管理者： 听上去这将是一个费劲的沟通过程。在哪些方面你觉得特别有压力？

即使在以上简短的对话示例中，也能够明显看到管理者有两个道路选择。一个是直接关注选择供应商要考虑的因素，另一个是关注如何能够帮助员工成长为更自信、更有能力的决策者。对于第二个选择，一方面当前的问题得到了解决；另一方面员工被赋能，未来遇到类似的情况，更有信心承担并尝试。对于管理者来说，这一切要从聆听两种可能的选择开始。

伴随着教练与领导者的聆听，他们选择下一步教练对话的走向和关注点。这就是我们说的"聆听的影响"。这种影响的一种表现方式就是教练接下来使用的教练技巧。

教练技巧

接下来的教练技巧一般跟聆听的场景相关联。有效的聆听是所有教练技巧的前提条件。以下针对聆听的不同情况，列出合适的技巧。

描述现状

描述现状是指清晰地描述现在发生的事情。当聆听完全停留在第二层次和第三层次时，会带来更高层次的觉察。你会对当前被教练者的发生情况有一个清晰的画面。如果把你感受到的和你对被教练者的了解进行整合，你就会获得非常丰富的信息。描述现状是一种用简洁方式描述当前发生情况的能力。被教练者经常看不到自己在干什么或说什么，他们能够看到细节而看不到更大的画面。

通过描述现状，可以把观察到的事物尽可能清晰地、不带评判地分享给被教练者。你告诉被教练者你看到的他们当下的状态。有时，描述现状会不那么令人愉快，甚至具有挑战性："我看到你因周末和晚上一直加班而没有时间陪家人。你说过家庭对你来说很重要，但感觉加班与你的承诺有些出入。发生了什么？"没有任何回避，直面问题，这是教练承诺的一部分。直言不讳地指出来是教练的职责。如何处理是被教练者的责任。

描述现状是帮助被教练者串起生活中的片段，使之能够看到他们的作为或不作为。作为教练，你有责任用教练技巧真实反馈你看到的内容，但与此同时要注意不要带入任何对与错的判断。这种能力是共创式教练的关键技巧，教练应该勇敢地说出看到的情况，但不需要是正确的，要留有足够的空间给被教练者表达个同的意见和不同的诠释。只要教练可以放下自己必须正确的压力，被教练者就有巨大的空间去发现真相，这对被教练者来说是一个珍贵的礼物。

> **对话示例**

被教练者／员工：这就是我想到的备用方案，感觉还是靠谱的。估计能在他们给的最后期限之前完成。

教练／管理者： 我能说说我对这个方案的感觉吗？

被教练者／员工： 当然。有什么漏洞吗？

教练／管理者： 没有什么漏洞，而且我敢肯定，计划是合理的。但我看到的是一个老模式，不计成本付出地去迎合他人要求，不管这些要求有多么不合理。你个人会付出不必要的代价，有时对团队也是一个干扰。我记得你说想要改变的，这样看来好像在后退。

澄 清

很多人都倾向于使用模糊或不完整的想法，以及不确定的感受来得出某些结论。被教练者可能絮絮叨叨地沉浸在自己的故事之中；可能在大雾弥漫的海洋上失去方向，试图找到出路；可能受困于自己的疑惑和过往的思维模式中；可能拿着过时的地图寻找方向。教练是被教练者的资源，帮助他们更为清晰地看到事情的真相。

澄清是一种结合了聆听、发问和换框重组的技巧。有时就是从各个角度简单地提问："我听到的是……""是这样吗？""听上去你在找……"澄清让画面更加清晰，凸显更多的细节，并且从不同角度进行审视。被教练者可能说："是的，就是这个样子的。"通过这种方式穿越迷雾回到既定航线。

对话示例

被教练者： 除非他决定去纽约，我才可能考虑留下来一段时间。

教　练： 听上去你那两个或三个不同的决定都取决于他的行为，而不是你的想法，是吗？

被教练者： 感觉我在通过等待他的行动来做出我的决定。

教　练： 感觉你需要决定（1）你到底要不要这份工作？（2）

为了这份工作你是否可以不顾一切？（3）你们之间的
关系是否可持续？（或者其他的类似问题。）

被教练者： 嗯，在什么状态下是可持续的呢？我知道我要做些什
么了。

▢ 全景视角

与被教练者一起想象着从万米高空的直升机上往下看，从这个高
度来观察被教练者的生活。使用全景视角是一种教练技巧，当情绪激
动的被教练者只能看到眼前事物时，它特别有效。全景视角展现了一
个更大的画面，并且打开了让被教练者看到不同角度的可能性。教练
可能问："你从这个高度看到了什么？ 这里有什么是你在下面看不到
的？" 全景视角重新把被教练者与他们的愿景和自我实现连接起来
了。当他们在山脚下奋力攀登、仰望前方艰难前行的时候，全景视角
使他们能够跳出现状，从新的高度和全新的视角来获得灵感。

看待全景视角的另一种方式是把它看成一个建在高处的平台，在
这个平台上，教练可以了解被教练者生活中的各种情况和问题。从
这个角度，教练可以比被教练者发现更多的内容，保持清晰的视角
并了解宏观情况。这个平台允许教练跳出问题的细节，给予被教练
者反馈。

管理者可能识别出员工某种场景下的重复性模式，之前与员工也
讨论过这种模式。如果，当下扮演教练的角色的话，管理者可能说：
"我能看到这个话题的方向，我很愿意帮忙，但现在咱们先按一下暂
停键。从这个项目更大的视角来看，你渴望展现你的领导力，愿意承
担更多，那么最大的挑战是什么？"

另一个例子可能是某个被教练者看起来非常努力，但事情毫无进

展。就像发动机不停地在抖动，但车子丝毫没动。在这种情况之下，教练可以用这种方式启动全景视角："似乎有很多的困难啊。感觉像是一种模式。在这艰难之中你会获得什么？回报又是什么？"在最后这个例子中，全景视角从一个更高的层次上抓住了潜在问题，展现出了旅程的全景视图。

特别是在容易陷入问题细节时，全景视角对提供背景信息来说非常有效。例如，在教练过程中，被教练者面临要解雇一个团队成员，担心员工的反应而无法平息自己的情绪的问题，教练会让他从全景视角来审视这件事——从创建组织文化的角度：不辞退这个员工，组织会有哪些损失？辞退这个员工对其他同事之间的沟通与信任，会有什么长期的影响？

比　喻

比喻使你能够通过形象化的图像与感受来帮助被教练者更为迅速地理解和掌握信息。教练可以问被教练者："你是否在迷雾之中失去了方向？"这里有画面，有体验还有感受，能让被教练者更好地参与其中。而"你现在是不是很困惑"之类的智力问题在这里并不需要。被教练者可以进入迷雾的画面，单纯地去感受，他们就会知道在迷雾中的状态与感觉。比喻为探索提供了丰富的图像信息。如果比喻不能引发被教练者的共鸣或带来洞察，则教练随时可以尝试其他的方法。

肯定认可

肯定认可作为教练技巧让被教练者更加坚定。一个真诚的肯定认可会让被教练者更加自信。肯定认可关注被教练者是什么样的人。与之相对，赞美和表扬关注被教练者做了什么："珍妮特，报告做得真不错。"或者强调对赞扬者的影响："你的演讲非常有见解，很启发我。"

　　肯定认可会发掘对方内在的特质而不是对方做了什么或者这件事对自己的影响。肯定认可更强调给予者对被教练者的看见："珍妮特，你真正兑现了你学习的承诺。""你冒了很大的风险。""我能看到你对美好事物的追求。"肯定认可也可以强调被教练者行动之后的价值感。例如，对于看重乐趣的被教练者，你可以说："你让这件事变得非常有趣。"对于看重诚信的被教练者，你可以说："我看到你对真实与坦诚的坚持，这非常不容易。"

　　肯定认可几乎可以视为教练的一个要素。在某些层面上，为了使被教练者实现蜕变，教练会一直支持他们成为想要成为的人，给他们打气。因为被教练者必须有足够勇气去面对困难。在教练关系中，教练的肯定认可让被教练者更坚强也更坚定。

　　肯定认可既帮助教练发现被教练者内在的优势并为之欢呼，也帮助被教练者发现自己平常隐藏在过分谦虚背后的特质。作为教练，就是要通过肯定认可让被教练者去发现和了解自己的优势。被教练者会知道哪些认可是真实且坦诚的，因为意识到了，也更有可能在未来去发挥这些优势。

　　肯定认可的形式可能是这样的："听起来这对你自己也是个惊喜，但想想你在过去四个月里已经走了多远。你现在清晰表达自己意愿的能力和坚定的态度，不正是你希望的领导者状态吗？"肯定认可直接瞄准被教练者进步或成长的核心区域（被教练者自己也许已经感觉到，往往希望得到确认）。肯定认可的过程，就是赋能被教练者并使之持续成长的过程。

　　共创式模型中的肯定认可一般分为两个部分。第一部分已经介绍过：给予肯定认可。第二部分是意识到肯定认可对被教练者的影响，这样教练就可以确定自己的肯定认可是否达到目标。通过第三层次的聆听，观察被教练者的反应，你就知道在当前场景下你的描述是否恰当。你绝对会听到、看到、感受到肯定认可之后被教练者的反应，因为对被教练者而言这并不常见，他们因为被看见和被理解而深深地被触动。这就是肯定认可的力量。

▶ **对话示例**

被教练者：可能我该闭嘴了，它刚刚给我惹了麻烦。

教　　练：你打破了平静。但这就是你要做的啊，这才是你。你不是那个安于现状的人、那个躲起来等待暴风雨过去的人。就像你之前所说的一样，有时候你就是那个愿意接触闪电的避雷针。

被教练者：谢谢。在团队中，我可能永远不会获得最佳人气奖，但我希望这愿意成为避雷针的意愿能够为团队做出一些真正的贡献。

练 习

1. 第一层次的聆听

练习的目的是使你的聆听完全保持在第一层次上，完全关注自己的想法和意见。这个练习需要你邀请一位朋友或同事帮忙，与他们一起玩第一、二层次的聆听游戏。

向你的伙伴介绍第一层次的聆听，让你的伙伴讲述他的一段旅行经历，包括开心和不开心的事情。你的朋友在叙述时，你要完全让自己沉浸在他的故事中，不时地发表一些你的看法。告诉他你会怎么做，别忘了讲述你过去旅行的经历。在朋友叙述故事的时候问自己："这个故事让我联想到了我的哪些经历？"经过10分钟的练习，双方互相交流一下聆听处于第一层次时的感受。

2. 第二层次的聆听

接下来用5~10分钟，聆听相同朋友的同一个故事。这次不用描述第二层次聆听的特点，仅抱着好奇的心态来聆听，对听到的内容问一些问题，描述你所听到和看到的，注意到对他们重要的价值。始终把注意力放在对方身上，保证聆听和反馈在第二层次上。

最后双方交流一下聆听处于第二层次时的感受，并分享一下与第一层次聆听的区别。

3. 第三层次的聆听

到一个能够感受到第三层次聆听的场域，如图书馆、酒店大厅或餐厅，注意自己的第三层次意识，注意人们的感受：愤怒、绝望、快乐、无聊、平和或焦虑。在环境中还感受到了什么？房间里的嗡嗡声来自哪里？留意人们走进和离开时对场内能量的影响，并写下你的感受。闭上眼睛并尝试第三层次聆听，感受闭眼聆听和之前聆听的区别，尝试找到睁眼聆听时忽略的内容。比较在教堂和快餐店里的不同感受。通过种种测试来发现第三层次聆听与之前层次的聆听有什么不同之处。

或者，让一位正在生气的朋友走进一个房间，注意房间在第三层次聆听上的变化。或者邀请两个朋友走到一个房间里并开始大声争吵，感受第三层次上的聆听的能量变化。

4. 全景视角

全景视角是一幅大的图景，它是一种主题风格、定位描述和愿景图像的混合体。一个简单练习全景视角的方法是，以"我是……"或"我的生活是……"开头。

以下是全景视角的一些例子：

- 我是……
- 开启的新生活。
- 在过渡中的尴尬。
- 正在逃离中的越狱。
- 改变中的纠结。
- 创造一个全新的组织文化。
- 我的生活是……
- 一台高速运转的机器（某些部分正在掉落）。
- 平静的展开。
- 一堆没有答案的问题。

什么是你今天生活中的全景视角？写下10位亲密朋友或亲戚的名字，以及他们当前的全景视角。

5. 比喻

为下列被教练者及场景做一个比喻：

- 在吸引人的两个选择之间犹豫不决。
- 马上要开始一段未知而又令人兴奋的旅程。
- 经过长时间的努力，期望之事渐渐到来。
- 混乱的工作环境。

- 浪漫的二人世界。

- 管理不善而造成的资金损失。

- 运动过少或运动过量。

- 业务蒸蒸日上，但突然遇到挑战。

- 成功。

- 悲伤。

- 意外之财。

- 疲惫。

- 被拒绝。

6. 肯定认可

列出五个朋友或同事，写出对他们的肯定认可：什么样的特性和品质让他们获得今天的成就，也写一份肯定认可给自己。

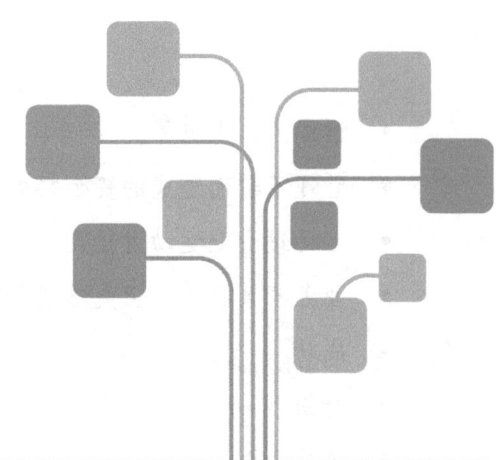

第4章
直　觉

你可能有这样的经历：在一条没有路标的乡间小路上开着车，当到达一个十字路口时，靠着本能的方向感，你不假思索地向右转了。或者，你正在与朋友共进晚餐，一切都正常，但你突然说道："发生了什么？你有什么想要对我说的？"你只是感觉有些别扭，但这就是一种直觉。也可能你突然给某人打了个电话或写了封信，没有任何理由，但后来发现你发邮件或打电话的时间恰到好处。

直觉也在工作中发生。想象一个场景：有一个重要职位，三个优秀的候选人。从理论上说，其中的一位候选人可能因为资历和经验脱颖而出，但你就感觉不太对。直觉告诉你，正确的选择是第三个候选人，你相信自己的这种感觉，但这也意味着你需要令人信服的理由来证明直觉的有效性。你是如何向HR及老板证明你的直觉的？

直觉的感觉就是这样的，有时它比数据、分析甚至大家投票的选择更为可靠。这是一种单纯的冲动，常常被忽视甚至被怀疑，因为它毫无逻辑，看上去不太可信。

然而，直觉作为一种强大的、提供额外信息的手段是非常有价值的。这也正是我们把它列入五大要素之中的原因。当这个通道开放并被使用时，它往往能够出人意料地让对话更深入或者加速整个进程。在解决问题的工具箱中，除评估和结构化的工具外，增加直觉这个额外的维度往往是一条捷径。

人们可以用词汇来定义直觉，但真实的体验很难解释："它从何而来？"这让有些人难以接受。对于很多人来说，直觉的问题在于对其"真实性"的验证。有时没有可见的证据来得出结论。而且有些情况下，人们从直觉中得出的结论与实际上观察到的证据恰恰相反。那些凭直觉行事的人一般会说："我知道，因为我的直觉一般都比较准。"

不相信直觉的人会把直觉当成臆测或好运，他们不理解或不相信直觉的作用。他们认为事实必须是能够被测量、记录并且确认的。这往往是人们想要的，是被大众所认可的方式，人们更习惯这样的决定过程。

另外，靠直觉做事可能显得太奇怪或不专业，所以有时人们会羞于承认听从了自己的直觉。正因为不愿意或不承认使用了这些丰富的直觉信息，人们这方面的能力正在退化。直觉是教练过程中乃至生活中宝贵的财富，如果不加以应用太可惜了。

通过理性的头脑与直觉通道都可以获取信息，这两种方法没有对错之分。这些只是获取信息的不同来源而已。理性的思维倾向于分析和逻辑，在商业与生活之中这是非常有用的方式。直觉倾向于产生创造的可能性与创新的思维，跳出了现有思维的局限，在商业与生活之中也同样重要。作为人类，人们被赋予了这两种天赋。人们可以深度思考，也可以被灵感激发。当能够同时用到这两种方法，并游刃有余地切换于这两种方式之间时，人们的效率是最高的。

直觉的另一种说法

在大多数企业环境中，使用"我的直觉告诉我了……"听起来似乎不太合适，也显得不太专业。这种情况下，可以使用另一个词"本能"，如"我的本能告诉我……"为了更好地理解共创式教练的要素，可以想象这两个词指的是一件事，哪个更合适就使用哪个。

作为领导者或管理者，基于之前的经验，你可能习惯于相信自己在某些方面的直觉。这是在某个层次的感知能力，使你同时可以批量接收处理大量信息，而不是单线程地应对。

本能可以在任何一个共创式对话中发挥作用。想象医生和护士，在检查病人情况时，一方面使用思路清晰的治疗手段，检查图表和重要的信息；另一方面基于经验并对直觉保持开放。他们之间的对话也可能基于"这件事有些不太对劲"的职业本能。在这种情况下，直觉可能起到关键的作用。

当进行教练对话时，对于教练、领导者或管理者来说需要有一个重要的转变。是从"我的直觉告诉我什么"到"我们对话中正在发生什么"的转变。你可能有一种对解决问题最佳方向的强烈直觉。但在共创式的场景之中，直觉的目的是支持被教练者，而不是用直觉的名义给出某些建议。

当你关注于寻找解决方案时，请把你的注意力切换到眼前的这个人身上。在这种情况下，直觉听上去像"感觉我们在这个问题上打转。"或"直觉告诉我，少了一个关键的部分，但我说不上来。"再或者"感觉我们用错了工具来解决这个问题。"

本能或直觉不是一个寻找信息或灵感的第一选择。人们被训练去分析、假设、评估并提出行动步骤。然而，在一个被"卡住的点"上

应用本能或直觉更为实际。那个时候你也没啥可以失去的了。一般的
套路已经不太管用了，所以不妨寻求突破，大胆尝试。

已知和未知的宇宙

很多人都相信已知的世界是可以触及的，可以通过视觉、听觉等
五个感官感受到。事物必须是经数据证实了的。尽管有时直觉很有
用，但一般来说，直觉是不能被直接观察到的。就像刮过树林的风，
可能是隐形的，但能听到和看到它的作用。这也就是所说的"第六
感"。这种敏锐的感觉超越了物理的世界。

例如，某人说："今天会下雨。"你问："你是怎么知道的？"他的
回答可能是下列的某句：

"我早上听天气预报了。"

"早上的天很红。"

"早上气压表显示的值一直在往下掉。"

"乌云在西边，而现在风朝着东边刮。"

"我感觉到的。"

"我就是知道。"

有些人是凭感觉知道马上要下雨了。问题的关键是，有很多种方
式可以知道这个信息，其中一种答案是用科学证据去证明，还有一种
答案是"就是知道"。当人们面对众多答案时，会产生疑问："哪个信
息的来源是靠谱的？"另一个问题就是："我该相信哪个来源？"很多
人认为观察到的事物能给他们信心。对于这些人来说，他们更相信具
体经验。他们会认为直觉的可信度为零。

与其坚持只有一种方法可获得信息，不如假设有两种。一般来

说，可被观察到的是第一种，直觉是第二种。结合这两个维度的信息，就可以针对任何问题进行深层次、多角度的分析了。

但直觉是正确的吗

描述直觉的困难始于对"知道"（Knowing）一词的定义。直觉是指一个在脑子一闪而过的没有对错的念头。例如，回答以下问题："明天是星期几？""明天几号？""明天什么季节？""今年这个季节，天气会怎么样？""今年这个季节，你的着装风格是怎么样的？"

注意，以上这些问题的答案可以有不同依据。其中一个依据可能是记忆，也可能是逻辑思维或过去的经验。还有一个可能是直觉。如果直觉是一个地方，也许人们不常去，或许可以把它当成一个记忆，人们可在那里找到答案。人们需要做的只是放松自己，让它自由表达。

为了用语言表达出直觉，人们需要进行解释。往往是对直觉的诠释让人们偏离了。但直觉本身没有对错之分。想象下面场景：被教练者正在跟你说上周她完成了哪些计划安排。有非常不错的结果，一个成功接着另一个成功。她一条一条地说着完成了的计划，就像当初承诺的一样。但你的直觉告诉你：她隐瞒了一些事情，尽管听上去一切都那么顺利。你说："我的直觉告诉我，关于上周的事情你没全说。是这样吗？"

你的直觉触动了你。你的解释是被教练者隐瞒了一些事情，所以你说了这些话。你的解释正确与否并不重要。如果被教练者有所保留，很好，你打开了一扇门来进一步讨论。如果被教练者说没有任何隐瞒的事情，很好，成功的故事又有了一些证据。直觉总是能推进行动或者深化学习，即使这个过程可能让人不那么舒服。

直觉经常在教练对话中突然闪现。它有时是一种预感，有时是突然显现出来的视觉图像，或者情感或能量的突然转变。在教练对话中需要注意的是，要对直觉时刻开放——相信它、感受它并对直觉的表达不抱任何期待。最终，直觉的价值体现在驱动更多被教练者行动和加速被教练者成长上。你的直觉是否"正确"一点都不重要。

● 对话示例

示例A：一些被忽略的事情

被教练者：看样子我没有其他选择了，我很累。日复一日地做着相似的事情，跟相似的人说着相似的话，用着没有变化的简历。变化的只是名字和面孔，其他都是在重复。

教　练：我的直觉告诉我有些东西被你忽略掉了，有可能就在你的面前，但你没有发现。可能是什么呢？

被教练者：我不知道。感觉我顺着这条路已经走了很远。

教　练：路是很好的比喻，让我们继续使用它。想象路边你看到一些围栏，围栏边上有个门。这个门是什么？

被教练者：这是一条我没有去过的路。

教　练：那么这条路通向哪里呢？如果不知道的话，猜一下，它会通向哪里？

被教练者：实际上，这让我想起了康涅狄格州我祖父的家。我的祖父是家族中唯一给自己打工的人。我觉得他非常厉害，而且羡慕他的独立能力。

教　练：对于你的生活来说，这门意味着什么？

被教练者：这门一直在那里，而我总是忽略它，因为我想要更多

的安全感。我想现在是一个合适的时间来思考一下如何自己创造安全感了,为自己工作。

示例B:描绘被教练者的兴趣

被教练者/员工: 在第三季度结束时,我需要工作产出比去年同期提高一倍。我非常想达到这个目标,但又不知如何实现。

(内部)教练: 马拉松选手如何能做到这点的?

被教练者/员工: 你怎么会这么问呢?

(内部)教练: 是直觉。你之前跟我说过你跑过马拉松,对吧?

被教练者/员工: 是的,之前是,但在我选择现在这个工作之后就没再跑过了。

(内部)教练: 那些任务看上去就像个长跑,你如何知道该做什么呢?

被教练者/员工: 这容易,设定一个能够随着时间的推移稳步实现的计划,像长跑的训练计划一样。

直觉能力

另一种思考直觉的方式是把它当成某种能力,就像音乐天赋或视觉能力。只要不是视觉障碍者或色盲就应该能辨认颜色。人们可能从幼儿园时期就开始慢慢积累形容颜色的词汇,渐渐地熟练了区分不同颜色。艺术家可以分辨更多深浅不一的颜色,他们了解百种色彩的细微差别。直觉非常相似,从某种程度来说每个人都具有这种天赋,而且可以像艺术家或音乐家那样通过努力来提高此种能力。

因为能够体现实时创造的过程,所以我们用艺术家和音乐家的直觉来做比喻。尤其是即兴创作，一个音符一个音符地创造出音乐的过程。直觉也可以应用在组织之中帮助团队或个人激发创意。直觉与生俱来就具有创造性。

当团队面对某个具体挑战时，要想跳出思维的既有框架，即兴发挥并产生新的方案与可能性是非常关键的。目前的挑战本身就可能来源于旧有的思维和模式，用过去的方式可能不足以解决团队面临的挑战。团队需要全新的想象空间来打开通向创新、灵感与直觉的通道。

直觉是难以捉摸的，越努力寻找就越难找到。如果很努力也找不到直觉，则很可能是你的注意力放在自己身上（及自己的努力上）了。把注意力转移到问题上或对方身上并放松自己，这样就很可能找到答案了。关键点在于不要太过于关注某一点，并且保持开放的心态，准备好接收，直觉就会浮现出来。拥有直觉的矛盾在于：张开手会接住，握起手会溜掉。

观察与解释

直觉开始于一个触动、一种感觉，它也是一种观察，尽管观察具体事物时看到的不会太过清晰。称直觉为一种"观察"是因为这个过程是中性的，你可以说："我有种感觉……""我观察到……"或"直觉告诉我……"这样的叙述不会产生争论，因为这就是你的感觉、观察或本能。下一步就是如何解释这种感觉或观察。人们会忍不住想要赋予直觉意义，而正是对直觉的诠释让人们偏离了。

例如，如果你聆听被教练者的对话时，感到一种尴尬的犹豫。可能是逃避也可能是拒绝，有可能跟今天的话题相关。也可能和刚才说的都有没关系，只是被教练者被其他的事情分心了。甚至可能和你表达的方式有关，或许你应该去一个更私密的空间而不是在员工休息室中开始这段对话。对于这个犹豫可以有很多种不同的解释。你只需要把报警灯亮起而已。注意直觉的闪过不附带任何的描述标签，它只是一个冲动而已。

当你将直觉说出来时，你所使用的词汇应该是当下你对它最好的表达了。你在感受直觉的同时也会有你的诠释：在这犹豫之中，听起来像有什么被什么挡住了。如果你直接跳到诠释的部分，听上去就像一个结论、一个判断甚至一个指控。被教练者要做的是把你提供的直觉信息放到他们的实际情况中去思考。什么是合适的？哪些又不太合适？所以最后的结论应该由被教练者得出。

经验告诉我们，如果你想高效使用直觉信息，一定不要把自己的诠释与之绑定。实际上希望自己的诠释总是正确的是人们常常不敢使用直觉的原因之一，人们害怕说错了而显得愚蠢。

表达直觉时最好对回应有所准备，有时被教练者也许不会认同你的直觉。即使这样，你们也会从中学到很多， 因为直觉有它的"正确性"。"正确"意味着直觉传递了一些信息，意味着被教练者学到了一些东西。更重要的是，被教练者依赖你的直觉。当有直觉不表达时，等于放弃了一个非常重要的信息源和一种感知。关键点：不管感觉多确定，也千万不要把直觉与诠释关联起来。因为"正确"是你需要的，而教练的关注完全在被教练者那里。

找到自己的接入点

与发展天赋或锻炼肌肉一样，人们用同样的方式训练使用直觉的能力。幸运的是，教练过程是一个直觉健身过程。如果人们平时不习惯使用直觉，可以如何去发展它呢？直觉确实是难以捉摸的，相比三头肌对每个人来说都处于人体相同位置，直觉则来自不同的部位。

大多数人的直觉来自身体——在胸部或腹部，所以人们常把直觉称为"内在感受"或"内心感觉"。例如，有些人能感到前额的滚烫或手指的刺痛。但对某些人来说，直觉根本不在身体中，它在身体之外，或许像一个气泡包裹着你。你可能用一种视觉的方式"看到"直觉，或者用一种动态感知的方式去体验它。有些人感觉站立时直觉来得更快一些，而有些人认为语言是表达直觉更好的方式。下次当你留意到直觉被激活时，聆听你身体或感受在那个时刻的体验。

不管你的接入点是什么，最终你都需要用语言来表达你的直觉。通过给出一些词汇来加深这种感受。教练的责任是说出自己的直觉。被教练者再去选择其中有用的部分。

在教练的过程中直觉是一种强大的资源。它是非常值得去开发并练习的。好消息是直觉总在那里，尽管有的时候是待命状态。你不需要发电，不像办公室或家里的照明灯需要供电，你只需要把开关打开就好。

脱口而出

在感受到直觉之后，人们倾向于回味这种感觉并分析它，以此来检查信息是否正确、时机是否恰当。遗憾的是，当直觉通过一连串的验证之后，被教练者的对话已经切换至完全不同的主题上，机会错过了。直觉就像刚亮起来就熄灭的闪光灯一样转瞬即逝。最重要的是最初的感觉，不要让胆怯、犹豫阻止它的浮现。有意思的是，脱口而出的直觉在教练对话中会变成直击核心的快捷方式，给被教练者带来不同的感受。

教练有时会觉得有必要设计一段有逻辑的对话，整齐有序地与被教练者进行问答。这确实是一种与被教练者开始一段新的学习和探索的不错的方式，但这不是唯一的方法。准备好冒险，跟随着直觉的指引纵身一跳——像跳水一样，你可能完成一个潇洒的动作，也可能只是溅起了大片水花。无论结果如何，都会将对话直接带到一个通过逻辑设计无法企及的地方。这种愿意面对失败、充满幽默感的心态会让你在教练过程中更自由地使用直觉。

获得直觉的提示

有时，直觉以文字的形式出现，也常以形状或声音的形式出现，或者通过身体的感受来出现。直觉可能通过一种沉重的感觉、一种疼痛或一种情绪传递给你。某些时候直觉的线索会从对话中浮现出来。

又有时在环境中出现，有时办公室窗外的景色会激发某种直觉。景色产生图像，图像给你直觉的信息，你把直觉分享给了被教练者，然后你们一起开始探索。

例如，被教练者正在向你叙述公司组织机构调整对她的工作影响，并表现出担心，她想着如何解决当前的问题，以及哪些做法是正确的。你看到窗外的景象，秋天刚刚开始，窗外的景色让你触动，你说道："我注意到已经是美丽的秋天了。叶子慢慢变色了，天气也变凉了。这让你想到了什么？"她可能感觉到生活中的季节交替，并且感受到眼前的问题对她来说有了新的意义，也让她意识到在冬天来临之前应该做好准备，面对大变化需要采取一些行动。直觉的来源无关紧要，但重要的是被教练者会做何反应。

⬚ 措 辞

下面是表达直觉的一些小技巧。你可以使用下面任何一个短语开始直觉的表达，但这不是一个终极的清单。可以用下面某个短语开始，不要想太多，相信自己的直觉会跟上。

我有种感觉……

我能告诉你我现在的感觉吗？

我有种预感……

我能跟你确认一些事情吗？

我很好奇……

看看你是不是也……

或最简单、最直接而且可能是最好用的一个：

我的直觉告诉我……

直觉不是魔法，尽管有时确实感觉有点像魔法，特别是结果让人们兴奋时。直觉就像聆听一样，它是一种能够帮助被教练者落实行动、加深学习的强大力量。

◼ 教练技巧

以下是与直觉相关联的教练技巧，注意这些技巧并不限于特定场景。在这部分内容中选择了这些技巧是因为它们很自然地与直觉相关

联，或者使直觉得以开放表达。我们把比喻放在聆听的要素之中，但它也可以很自然地归到这里，因为比喻经常来自直觉。

打断（介入）

因为大多数的教练对话的时间都不是太长，所以非常有必要在被教练者侃侃而谈或长篇大论时打断他们，并转入正题。作为教练应该使用第三层次的聆听来判断什么时候介入最为恰当。不必非常礼貌地等待停顿的机会，然后插进一个问题，把对话引导到另一方向。直觉会提醒你什么时候需要介入。这里需要说明的是，尽管打断对方有可能被当成不礼貌的行为，特别是在一些很在意礼仪的文化环境下，但介入不一定要显得粗鲁。

记住，被教练者自己也知道他们什么时候是在喋喋不休。如果你不改变闲聊的状态，被教练者会认为教练过程就是讲故事闲聊，不会有什么行动和结果。用不了多久他们会不满这种教练关系而尝试退出。被教练者也不想在对话中总是絮叨"然后，我就……"或"接着她说……"对于有些被教练者如果你不介入，他就会不停地说下去。他们希望成为好的被教练者，所以才会不停地表达自己，他们其实也希望你能够打断他们的絮叨并给予帮助，把对话拉回到轨道上。

一般来说，最好在教练关系开始时就让被教练者有一些思想准备：对话的过程会被打断，也可能出乎他们的预料；告诉他们教练对话不同于在咖啡馆中与朋友的闲谈，你会打断他们，但绝对不是针对他们个人的；告诉他们如果感觉到被冒犯，可以说出来，必要的话你们可以重新讨论这个话题。作为教练，你可以要求被教练者允许你在认为合适的时候打断他们。

可能你还是对打断被教练者有些犹豫，认为这不是你的风格。但以下这点才是重要的：你不是打断被教练者，而是打断了挡路的故事，这些故事有时会让被教练者看不清真相。可以问自己是希望表现自己的礼貌和温和，还是想通过介入来帮助他们找到症结所在？记住，教练是关于被教练者的，不是关于教练的。教练不是为那些胆怯的人准备的。

教练的职责是随时面对当下的发生，这需要放下小我和自己想要的结果。然而有时教练也需要引领。教练的专业训练和经验赋予自己服务被教练者的能力。有所保留的老好人不能为被教练者提供最有效的服务。有很多时候需要你站出来澄清问题、提出请求、抛出挑战或说出让人难以接受的真相。因为没有一定的规则，最好的方式是在需要介入时相信你的直觉。

很多教练没有在合适的时机介入是因为他们总感觉需要更多的信息、更多的背景才能问出下一个问题。确实，有时了解故事的背景很重要。或者为了促进教练关系、让被教练者感觉被聆听，不去打断他们。我们假设你已经很擅长聆听故事了，而很多教练需要练习的是介入。介入这项技能能够剔除很多没有必要的对话内容，这些内容就像被教练者为了逃避挑战而放出的烟幕弹。介入加速了教练进程，直达教练的核心：行动和学习。

▶ **对话示例**

示例A：不娴熟的介入运用

被教练者/员工： 又是玛丽，她总是和我唱反调，我说向东，她肯定向西；我说寻求外部帮助是我们在最后期限内完工的唯一选择，她说不对，最关键的应该是团队精神。团队精神！还有比这个更虚的吗？我不断地说希望她能更多地参与到团队之中，但答案总是"我没时间"或"这是你的团队"。一个借口跟着一个借口，她就快把团队埋起来了。

教练/管理者：跟这样的人工作肯定比较痛苦。

被教练者/员工：确实，我跟你说了她最近的事情了吗？

教练/管理者：肯定都类似。

被教练者/员工：当然。她还……

示例B：好的介入运用

被教练者：又是玛丽，她总是和我唱反调，我说向东，她肯定向西；我说寻求外部帮助是我们在最后期限内完工的唯一选择，她说不对……

教　　练：听上去像个无休止的意志斗争。

被教练者：确实。

教　　练：换个玩法怎么样？

被教练者：对不起，我没明白你的意思。

教　　练：怎样打破这种循环呢？

被教练者：我不知道。我试着跟她谈过了。

教　　练：试试从"什么是你们俩都在意的"开始。

脱口而出

之前介绍过脱口而出的重要性。听上去有点奇怪，但脱口而出确实是值得发展的一项技能。很多人花费了大量时间来研究和分析如何表达，却错过了行动的机会。

真正能服务于被教练者的教练过程，不是等着理出头绪而是直接进入混乱和无序之中。一头扎进混乱似乎看上去不会那么优雅，却比总是表现出完美、专业、权威及一切尽在掌控中的态度更能够赢得被教练者的信任。教练偶尔表现出的笨拙和混乱更平易近人，也更真实。如果教练比较放松，被教练者也会放松。例如，教练可能说：
"我不确定我能找到合适的表达，但这有点像……" 或 "接下来的一
分钟，让我们把想法大声喊出来。我也不知道我想说什么。"

被教练者的直觉

值得一提的是，看到教练使用直觉，被教练者也会愿意接受自己
的直觉并愿意冒险。学习教练的原则、要素和技巧对被教练者非常有
益。例如，熟练掌握第二、三层次的聆听技巧的被教练者，会提升他
们生活和工作中的人际交往能力。尝试清晰化自己的表达或对周围的
事物以全景视角去审视会极大地提高他们的生活质量。

在训练被教练者使用直觉的过程中，先让他们花一些时间注意自
己的直觉，并尝试运用。可以让他们先放轻松去尝试、感受一下，强
调不要总顾虑直觉的正确性。提醒他们警惕内在自我评判的声音，就
像他们会遇到外部的质疑一样。

练 习

1. 直觉

直觉是能够帮助应对问题的第六感。有时问题显而易
见，有时问题只是背景对话的一部分。在教练过程中，问题
无处不在。

为了练习直觉，与某个朋友或同事找个不会被打扰的安静
地方，先让对方写下一些关于自己生活的开放式问题。让对方
从列表中选择一个问题并大声念出来，安静地暂停几秒钟之后

再念一遍，重复几次。接下来，花2~3分钟的时间，让你们两人都把注意力集中在这个问题上，不要说话。目标是提高你对于问题的关注，并打开直觉的通道。

然后分享一下整个过程中你的发现：一些随机的想法、感受，一闪而过的图像、声音、味道、触觉；另外还有所有让你分神的事物。你对直觉的这些描述肯定会有一些打动对方。当注意到你的直觉击中了时，询问对方看到了什么样的关联，双方可以继续就此进行共同探索，以获得更清晰的认识。

另一种练习的方法是让对方把问题写在纸上之后叠起来不让你看到。抽一张纸条，不要打开。双方都把注意力放到这张写有问题的纸条上，花2~3分钟的时间关注你们选出来的问题，尽管你并没有看到它。然后你告诉对方自己的直觉。接下来打开纸条念一下纸条上的内容，并且听听写纸条的人的反馈：看到了什么关联？接下来会去到哪里？

2. 打断（介入）

与你的朋友一起坐下来并告诉对方你将要练习打断/介入的技能，你会打断他的谈话。让你的朋友讲一段自己生命中精彩的故事，可以是在学校学习的经历，也可以是遇到挚友的经历。重要的是这个故事是可以持续和延展的，因为你需要他不停地说。在你朋友向你叙述这个故事时，你的任务是使用以下教练技巧介入并切入不同主题。

让朋友进行总结："这对于你意味着什么？"

用激发式的问题介入（不是要求有更多信息的问题）："你学到了什么？"

打断并使用不同的方式复述刚才发生的故事（换框重组）。

用一个请求打断对话。

表明你要打断对话："我要打断一下。"

打断别人的表达可以使用："不好意思，我只是……"或者"我想问一下……"

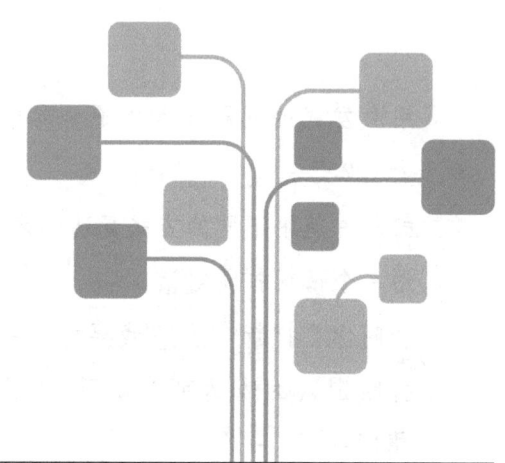

第5章
好奇心

作为教练的要素之一，好奇心是教练过程的起点也是贯穿始终的能量特征。高效的教练会很自然地对一切充满好奇，并且不断发展自己的好奇心为被教练者打开更多空间。真正充满好奇心并渴望发现更多的精彩是共创式关系的核心。

不同的提问方式

　　好奇心起始于提问。有意思的是，问题会让人们自然而然地开始关注某些事物。例如，当你问道："今天外边冷还是热"时，你会马上联想到当地的天气。这是一个自然而且自动化的反应。问题总是把人们引向寻求答案的方向。简单抛出一个问题就可以改变对话的焦点。正因为强调好奇心，以及好奇心引发的问题，教练才会成为助力改变的强大工具。

　　带着好奇心的提问是开放的、延展的、有启发性和引发探索的，很多时候可以穿透表层直指人心。这些问题激发探索、思考和发现的过程。比一般的信息收集类问题更加深入。

对于收集信息，人们在学校中学到的经验是使用特定的问题来寻找精确的答案。在那样的环境中，人们了解的问题一般都有特定的、正确的答案。

就连写篇短文都有正确的、特定的、具体的、可测量的答案。人们对问题的理解是减少可能性的一种推理演进方法。人们学会填上空白的选项，并且因选择正确答案而得分。

这种心态与习惯也延伸至工作之中。在会议的一对一的交互中，问题的作用更多是产生信息或数据。任何延展性的问题都极为罕见，所以在教练对话中问出好奇的问题是一个重要（且不容易）的转变。

被教练者习惯于从表面回答问题，从一个容易访问的数据库中获取信息。这是他们一直以来被要求也习惯了的方式。在他们看来，如果公开邀请他人提供意见或进行深入的探索，会展露自己脆弱的一面。甚至会让人产生一种急于找出"正确"答案的压力感。如果提问题的人是老板的话，那就更是如此了。

然而，正是这种从浮于表面的交流到更深层且启发思考沟通的转变，使教练过程成为一种震撼的体验。在收集信息的常规性问题与引发个人探索的好奇性问题之间有着巨人的不同。卜面的例子说明了两种类型问题的不同之处。

信 息 收 集	好　奇
你会在这篇市场分析报告中包含哪些产品和地区的内容？	这篇市场分析报告会传递出哪些洞见？
每周你需要做多少次练习？	你认为对你来说的"体形匀称"是什么样子？
你未来可能居住的城市有哪些重要的特征？	下次搬家，有哪些城市在你的考虑之中？

在收集信息的问题中最快将对话带入死胡同的是答案只有"是"或"不是"的封闭式问题。这无异于在对话中竖起了一块停止前行的路标。教练的通路戛然而止，教练还得从头来过。然而，带着好奇心的问题是开放式的。它们让被教练者开始一段新的旅程，这样的提问不会让对话突然停止。注意以下不同类型的问题会引出的回答。

封闭式问题	开放式问题
这个方法对你是不是有用？	这个方法是如何对你产生效果的？
这个地方是不是可以学到更多的内容？	如何能在这次经历中收获双倍的学习成果？
听上去，你在这两个选择之间举棋不定，是吗？	除面前的两个选择外，你还可能有什么不同的选择？

注意在以上这些例子中，两种不同风格的问题给你的感觉也是不同的。封闭式问题，答案只有是或不是；信息收集问题，让人感觉有限制；好奇问题，让人更有延展的感觉。

封闭式问题的另一种形式是引领式问题。引领式问题最重要的表现是有正确答案，而且结论就在问题之中。引领式问题不会有太多选择，一般会强制对方接受期望的答案。提问的人其实不好奇，问题只不过是一个披着问题外衣的选项而已。这里有一些例子。

你有没有想过把销售区域细分一下，使它们更公平一些？

当决定重返校园攻读博士学位并实现自己的职业梦想时，你是否考虑过家庭的情感负担及由此带来的债务负担？

需要明确说明的是：信息收集的问题肯定是有价值的。他们在日常工作与生活之中必不可少。离开信息，人们将无法生存。我们希望你意识到的是问题所带来的影响。特别是在教练对话中，你的问题把被教练者送到了哪里？

即使在教练关系之中，有时为了确保人们没有偏离轨道或帮助澄清误解或混淆，收集信息的问题也很重要。我们的观点是："收集信息的问题会告诉我们门在哪里，但不会帮我们打开这扇通向一个更丰富、有更多体验和充满能量世界的门。只有带着好奇心的问题才有这样的能力。"

打造文化

作为共创式要素的好奇心，在组织之中有着特殊的地位。它是一种领导力能力也是一个教练技巧。这种思考来自人们所观察到的对话给企业文化带来的影响。人们之间的对话方式揭示了（同时也创造了）组织文化。想一想自己的经历，一个充满了抱怨和指责的组织氛围，会造就一个没有担当的有害文化。当事情不顺利时，总认为是别人的责任或失误。

一个严格按照功能划分进行信息传递的组织，同时创造了事务性文化。与其说这是一种判断，不如说这是一种思考：你想要创造什么样的文化？（这可能是个引导性的问题。）通过建立并实践共创式文化带来的价值，是创造一种既有关系也有行动的文化。它既是事务性的，可以推进任务完成，也是关系型的，因为它创造了互相支持的容器。

好奇心的价值

在共创式模型之中，好奇心包括了在对话中的提问也包括了好奇的心态。好奇的教练不一定知道所有答案，当下可能也没有线索。当好奇时，你就已经不再担当专家的角色了。取而代之的是与被教练者一起来寻找答案，与对方一起在他们的世界中探索。注意不要把自己的世界凌驾于他们的世界之上，就像通过一个好奇的孩子的眼睛来观察被教练者的世界一样。

作为咨询师，你通过收集到的信息为被教练者提供建议，你是专家，通过处理信息决定往哪个方向前进。就像一个建筑承包方一样，用自己带来的材料为被教练者完成房屋改造的任务。与之相反，作为共创式教练，你是任务的合作者，你带来专长和经验，用的却是被教练者已有的材料。所有的资源都在被教练者心中，你的好奇心会使被教练者有更多的内在探索和发现。这种方式更为灵活，允许有更多的可能性。好奇心会激励被教练者从自己的内心去寻找问题的解决方案，而不是将期待放在教练或管理者身上。这样他们会变得思路开阔且充满资源。寻找答案的过程也会为他们赋能。好奇心会将被教练者带到想要探索的方向上，而探索本身是一个持续的学习旅程，因为它来自内心。

一个隐含正确答案的问题会让人们从头脑中去寻找与之对应的标准答案。而带着好奇心，人们会经历探索、发现、挖掘、思考和反思的过程，这个学习的过程会带来持续的成长和改变。

这种方法最明显的价值体现在工作场所之中。当管理者出于好奇而发问时，责任就切换到了员工身上；在这个过程之中员工就成了贡献者，而不是一个代理人。这种方式让员工利用自己的资源与创造力，并且更愿意对结果和产出负责。对于管理者来说，这是一个好消息：它减少了依赖性并且建立了一个更积极主动、更愿意承担责任的团队。

当然，同样的效果也发生在正式的教练与被教练者的关系之中。这是模型中蜕变的核心。

▣ 建立关系

真诚的好奇心会对良好关系的创建起着积极的作用，这对整个教练过程非常重要。想象着你在某个晚宴上，旁边有个陌生人对你有无穷的好奇心，如你的生活、工作、爱好、兴趣等。这种好奇心不是奉承，而是鼓舞。这是一种让你放松又乐意展现自己的方式，而且双方很容易就能建立连接。

现在想象一下在相同的晚宴上有同样一个陌生人向你发问，但这次不是出于好奇心，她是你未来的丈母娘或婆婆，这些问题是对你综合考察的一部分。即使问题可能跟刚才完全一样，体验却有天壤之别。好奇建立关系，审问带来防御。在教练关系中，好奇心邀请被教练者在安全的许可下进行自我探索和发现。

好奇心和好奇的提问当然不只局限于"教练"中。组织中有更多的好奇心可以创造更深层次的连接，促进更真诚的人际关系，并催化更好的员工投入度。因此，它满足了当今每个组织的关键需要。

▣ 通过好奇心改变方向

教练的问题给出了一个新的方向，被教练者会很自然地跟随着这个方向前进。教练的每个新问题都会鼓励被教练者选择再看一下当前道路或切换到另一条路，这样的好奇心会让你重新审视方向。在教练过程中保持好奇心体现在两个方面：不执着于一个特定的目的地或某一条道路，同时有意识地为被教练者寻找意义，让其有更多的洞见和学习，绝不是漫无目的地漫步。

必须再次强调，好奇的目的是使被教练者探索和选择而不是使教练发现问题或解决问题。这是很重要的区分却又往往很难界定。当然为了更好地理解议题和被教练者的期望，收集信息和背景对教练非常重要。一般来说，教练不需要太多的信息，特别是背景信息。教练不需要知道事情的来龙去脉，而且也不需要具体的信息来解决问题。被教练者是那个需要做出选择并采取行动的人。

如果说需要好奇过去或调查背景的话，那应该是寻找对当前对话有用的模式或主题。这并不是为了教练对被教练者的过去有更好的理解；而是通过这个过程，帮助被教练者意识到自己看重什么，自己的决策方式，如何坚持及如何控制自己的心魔。从而可以把这些对自己的认知应用到当前的场景之中。

⌥ 提高能力

与聆听和直觉相似，拥有好奇心也是一种天赋。有些人比其他人拥有更强的好奇心。与聆听和直觉一样，好奇心也能够通过训练得以提高。

第一步是觉察——注意到什么会让你感到好奇。人们太习惯于在提问之前就找到答案，所以对于不知道答案的问题反而很难开口去问。在教练过程中，你必须停止以专家的身份提出问题，把想要通过提问来收集信息以便于进行排序、分类和分析的心放下，只是带着好奇心提问。

如果教练所提出的问题附带"正确"答案，被教练者知道自己只有两个选择：要么拒绝回答，要么投其所好。当问题是由好奇心驱动时，被教练者能感受到，并且知道自己需要去内在寻找答案。

一种训练好奇心的方法是在问题之前加上"我有些好奇……"注意这种方式既可以开启被教练者对问题的思考又避免了教练想要给出答案的风险。被教练者可能先回答"我不知道"，然后再去寻找答案。好奇心也常常会让双方感觉到有趣和惊喜，无论如何答案总是正确的，因为它来自被教练者。

然而，这不意味着教练所提问题不能有挑战性，正因为所有的答案都来自被教练者，从而有了进一步深化的可能性。当你问被教练者："电话推销进展如何？"被教练者说道："我很高兴今天打了四个电话。"你可以接着问："你不是计划打八个吗？发生了什么？"

另一个好奇心的应用场景是使用第三层次的聆听来关注能量的变化。如果你自己的雷达感知到犹豫，那么就用好奇心跟上。如果发现生气或不安，也可以直接询问。与被教练者对话过程中捕捉到的任何变化，如被教练者变得兴奋、开始打岔，或者被教练者的笑声都可以成为好奇心和直觉的线索。

如何在教练过程中保持好奇心

从某种程度来说，在所有的专业服务领域，使用好奇心都是一种很常见的方法。因为通过好奇心能更接近信息的根源，所以它在教练过程中尤为重要。提出关于事实和数据的问题会引发分析、推理、合理化的解释。因好奇心所产生的问题会使回答者获得更多关于真实感受和动机的信息。通过好奇心发掘出来的信息，很少会有修饰或过度思考，虽然比较杂乱，但绝对真实。

教练在第一次与被教练者见面时就表现出好奇心。对于被教练者来说，没有什么比有人对他们的价值观好奇、想要了解他们认为什么重要、什么有效、什么无用更吸引人了。好奇心始终贯穿于教练过程。当然，也在非正式的教练对话中体现，它意味对未知领域和新事物的探索。只要记住被教练者心中有答案，教练不必知道，教练的责任是保持好奇心。

对话示例

教　练：我发现你一直在说要运动减肥，刚刚又提到了。但是好像什么也没发生。我很好奇，是什么阻止了你？

被教练者：很明显，时间是个大问题。你知道我前几个月的日程安排是什么样的吗？

教　练：我知道你忙，但让我们退一步看看。也许这件事情（健身）不是那么重要。

被教练者：你的意思是我现在就可以决定这事对我不重要，以后就不用再去健身房了？

教　练：似乎这个可能性（不去健身房）让你很兴奋？怎么回事？

被教练者：我讨厌去健身房，讨厌那里的味道，讨厌各种比较。

教　练：如果这样，那对于你来说，什么是重要的呢？

被教练者：对我来说健康很重要。我的父亲体重超重，去世的时候才68岁。

教　练：想象一下你有健康而健美的身体，会是什么样的感觉？

被教练者：感觉太棒了。

教　练：你觉得什么方法可以让你做到？

被教练者：对我真正有效的方法是有一个健身伙伴，之前有过这样的伙伴。

教　练：如何让这个成为现实？

被教练者：我可以找个愿意在中午锻炼的同事，可以在内部论坛上发个帖子。

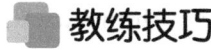 **教练技巧**

被好奇心驱动的场景中有两个技巧比较经典。两个都是用能够打开思维的开放性问题来加强好奇心。这些技巧不是尽可能多地收集信息，而是邀请被教练者用脑、用心和凭直觉来观察。观察那些熟悉但又需要用新的眼光才能看到的事物，观察之前从未触碰的地方。

强有力的问题

提"强有力的问题"是有好奇心的一种表现形式。"提问而不是指导"是共创式模型的关键，强有力的问题是根本。先来看一下什么样的问题才是强有力的问题。当有人问你一个问题，特别是个性化问题时，你会朝着这个问题的方向去寻找答案。

可以把问题想象成指南针所指的方向。强有力的问题不会把被教练者引领到某个具体的目的地，指向的是一个充满可能性和未知性的方向。强有力的问题会引发反思，提供更多的解决方案和更开阔的思路。这些问题会让被教练者在内心寻找答案（你到底想要什么）或者着眼未来（六个月后回看今天，你会做出什么样的决策）。强有力的问题拓展被教练者，让他们更开放地审视自己的未来。

强有力的问题可能打断被教练者现有的思路，所以他们经常会突然变得安静下来。提问后，一定要给被教练者思考和反馈的时间。这时不要试图去打破沉默或以为被教练者没听懂问题。片刻沉默会带来更为深刻的思索，教练只是聆听和等待。被教练者习惯于问什么答什么，不习惯被问到一些能够引发思考或触及未知领域的问题。

判断是否强有力问题的一个方法是看被教练者是否在认真思考之后才给出答案。用强有力的问题来构架整个教练对话也是可能的。

（教练在线工具箱提供了很多强有力问题的示例，可登录http://www.coactive.com/toolkit获取。）

> **对话示例**

被教练者：我就是工作上不太开心。

教　　练："不太开心"是什么意思？

被教练者：感觉有点无聊，并且我感觉现在这个工作比较枯燥。

教　　练：让我们从"无聊"这个词开始。不想要"无聊"的话，你想要些什么？

被教练者：我想要早上一起床就有兴奋感。我想要更多的创造力和协作的感觉。

教　　练：还有什么？

被教练者：我希望我的能力能够得到发挥，我的工作是有价值、有贡献的。

教　　练：如何在现在的工作中创造这些呢？

被教练者：我不确定，而且从来没有想过这个问题。

教　　练：想一想，有什么可能性？

使用强有力的问题

强有力的问题在教练的各个环节中都能起到作用，从开始探索阶段到最后完成阶段。为了使强有力的问题更为有力，教练必须愿意打断对方。在某些情况下，不能等着机会到来，而应该直接打断（之前描述过此技能）。

想象一个场景：被教练者因为无法改变工作的境遇而感到绝望，又开始不停地抱怨。她抱怨不公平，没有足够的支持，没有人在乎，无法改变任何事情。你应该马上意识到这是旧有的模式而且将会没完没了，等她稍有停顿的时候，问她："你在忍受什么？""这些付出的回报是什么？"

为了使用强有力的问题，教练必须带着好奇心和勇气。教练需要相信被教练者有足够的资源面对具有挑战性且直截了当的问题。

强有力问题和"至简"问题

有时最有力的问题是那些听上去有点"傻"，或者说是看似简单而又有深度的问题。这些问题可以让被教练者放下戒备。被教练者非常善于应对复杂的攻势，他们善于解释自己，合理化自己的行为。"至简"的问题能够像激光一样穿透迷雾。

想象这样的场景：被教练者有一个严谨的理由来解释为什么他处境复杂而无法成功，而且别人都不愿意帮助他，并列出一个又一个的证据和故事……说到一半时，你突然问："你到底想要什么？"这个问题砰的一声摆到对方面前。被教练者可能已经对话题有过很多思考，也尝试从更多视角去看待问题，甚至有了一些深层的探索。但"至简"的问题往往会触及更深的灵魂。

以下是一些"至简"问题：

成功是什么样子（感觉）的？

然后呢？

这对你的重要性是什么？

还有呢？

你学到了什么？

你会做什么？什么时候做？

你想成为什么样的人？

有时你会因为以上这些问题过于简单，答案太过明显而不使用它们。不要犹豫，直接问出来，你会发现结果往往出乎意料。即使被教

练者的答案在你预料之中，记住提问的目的不是你需要答案，而是让被教练者听到自己内心的声音。问"至简"问题的目的是让被教练者听到：隐藏的真相、新的发现或他们善意的"谎言"。这些学习对被教练者未来的探索非常重要。

不太有力的问题和例外

越简单、越直接，就会使问题更有力。请注意以上示例中的问题的长度。七个单词或更少（对应中文10个字左右）。复杂的问题会迫使被教练者先弄明白问题再做出回应，因而可能在试图理解问题中迷失。强有力的问题之所以强大，是因为它直击问题的核心。

封闭式的问题就像一条狭窄的通道，回答"是""不是"或者提供数据会把对话突然带进一个死胡同。它不能为进一步的探索提供空间，这也就是我们不建议使用封闭式问题的原因。考虑这个问题："冒险对你很重要吗？"答案可能是"是""不是""非常"或"有时"。换一种问法："你想在生活的哪些方面进行冒险？"这是有探索意味的问题。

这样就在"是"或"非"之外给被教练者提供了更多的选择。教练有时也需要寻求确认和澄清事实。在第一个问题中，教练是在询问冒险对被教练者是否有价值，有时这样问是为了确保教练和被教练者在理解上的一致。

以"为什么"开头的问题是一个不太有力的提问方式，这会让被教练者片面地寻找解释与分析，会在无意间把被教练者推向自己的对立面，推向防守的一面。例如："为什么你决定搬到柏林？"被教练者认为需要做出解释或为自己的行为进行辩护。基于刚才场景更为有力的问题是："搬家让你靠近了什么？"或"什么驱动你选择了柏林？"

这里的建议不是让你不去问"是非"或"为什么"的问题，而是让你留意这些问题造成的负面影响。例如，下面的"是非"和"为什么"的问题也是强有力的："是时候停止分析，行动起来做些什么了，不是吗？"和"为什么你答应了他的要求，而违背了你之前的承诺？"在正确的场景下用正确的语调问出"是非"或"为什么"之类的问题会对被教练者造成冲击，如会让他们重新审视自己的承诺。

📂 思考题

思考题是一种特殊类型的强有力问题。思考题和强有力问题的区别是思考题一般出现在教练对话的最后环节，使被教练者有时间继续探索和思考。

例如，被教练者正在为金钱而拼搏并期望着有朝一日过上富足的生活，与此同时陪伴家人的时间越来越少，而被教练者陷入了对努力致富的执着，所以你给出了这周的思考题："富有是什么样子的？"或者想象管理者在教练对话中与下属探索职业发展路径。一个可能的思考题是："领导力对于你意味着什么？"

思考题可能跟当前教练对话中涉及的话题完全无关，这样的问题看似很突兀，却可以产生深刻和出人意料的结果。例如，在教练对话的最后，你给被教练者的思考题是："你日常的情绪状态是什么？"一周以后，被教练者分享了对自己情绪状态的观察和学习。你可以再抛出一个思考题："什么让它成为你的常态？对你的影响是什么？"

思考题的目的是引发内省和反思，和其他强有力问题一样，它没有正确答案或解决思路。思考题与一般强有力问题的区别在于探索的广度和深度，还有时间跨度：几天，一周，甚至更长的时间。

因为问题会让人们自然地去寻找正确答案，所以你需要提醒被教练者思考题的目标是带着好奇心探索。用不了多久，这些问题会引发被教练者更深的觉察、看待问题的新视角和更多行动的可能性。

以下是一些思考题：

什么是你深层的渴望？

你来这里要做什么？创造什么？

你在逃避什么？

什么需要被激发？

为了帮助被教练者关注思考题，教练会在思考题上附加一些行动。例如，接下来一周或两周把它做成屏保、设定关键词为密码；或者用其他的方法如写日记、绘画、与朋友交流或在散步时思考。为了支持被教练者承担责任，你也可以在下次对话之前，让被教练者用电话、邮件或信息的方式分享给你。思考题是教练过程中一个强大的工具，它可以将教练对话融入被教练者的生活中。（教练在线工具箱提供了更多示例，可登录http://www.coactive.com/ toolkit获取。）

> **对话示例**

教　练： 在上次对话结束时，我给了你一个可能有不同答案甚至是不同感受的思考题。

被教练者： 对，是"你在哪些地方抛弃了自己？"

教　练： 有什么思考吗？

被教练者： 一开始我没有发现任何对应的事情，但是后来我发现我的日程表是我绝望的来源。我从来没有多余时间的原因是别人不断地把会议安排进我的日程表中。

教　练： "抛弃自己"感觉像把自己的时间给了别人。当你把时间都分出去的时候有什么感觉？

被教练者：我发现我的日程安排满了之后的一个习惯用语是"我的日程表已经排满了，我干不了其他任何事情。"现在我意识到这是我的日程表，应该由我来决定如何安排。

教　　练：你还在哪些地方抛弃了自己？

被教练者：与家人的关系中。当父母生我气时，我逃避、消失或找地方躲藏。我在慢慢转变，但还是没有逃出原来的模式。

教　　练：这个问题还让你发现了什么？

被教练者：我还注意到了其他人会在什么时候放弃他们的权利。

教　　练：在什么场景下？

被教练者：在上周的会议上。有一个地区副总参加了预算审核会议，有些人就像见到校长的学生一样，完全失去了自信和应有的权威。很有意思。

教　　练：你当时是不是也这样？

被教练者：虽然我不愿意承认，但确实是这样，我还以为我在这件事上已经进步了。

教　　练：还有什么吗？

被教练者：没有了，我想这就是全部内容。谢谢。

教　　练：这是下周的思考题"你在什么时候或什么事情上毫不妥协？"

被教练者：好的，我会关注这个问题的。

好奇带来的力量

作为教练,你的好奇心会让你从内到外地了解你的被教练者。你开始了解到一些事情,对它产生了好奇,跟着提问,然后一个好奇接着一个好奇……被教练者也在不断地回应你的过程中挖掘自己的内心,寻找自己的答案,尝试理解自己的世界和自己行为的方式,了解哪些事情会激发他们,哪些会让他们止步不前。随着时间的推移,你会了解他们内心的波动,最终你将传递他们的声音,替他们问一些他们自己想问的问题。作为教练,你不会受到被教练者自我否定、偏见、同事的看法、感情因素或其他事物的干扰,你的问题会更加有效,也更有趣和有力。在这个过程中,被教练者会从教练关系中学习,构建自己内心的能量。被教练者会感受到带着好奇心,放下自我评判所带来的影响。

练 习

1. 好奇心

在咖啡店花半小时,以好奇的眼光观察所有看到的人。一开始不用跟任何人说话,然后放下好奇心并问自己:他们在生活中有哪些地方失去平衡了?他们看重什么?他们在生活中错过了什么?是什么让他们开心?他们在什么地方限制了自己?今天他们最喜欢的是什么?他们的梦想是什么?什么让他们充满动力?他们喜欢和欣赏他们同伴的哪些方面?

快结束时,找个愿意聊一会的人,问他几个好奇的问题。开始问时,注意对方对你好奇心的反应。观察自己在对话中所扮演的角色。你是否注意到了第一、第二、第三层次的聆听？然后，好奇于自己的好奇心：你在好奇的过程中学到了什么？什么是容易的？什么是困难的？什么让过程变得更容易或更困难？好奇心能不能再增强一些？增强之后的好奇心会给你带来什么？

2. 强有力的问题

一个最简单感受强有力问题的方式也是最具挑战性的方式。这个练习中，目标是在10分钟内与他人对话且只能使用强有力的问题，不能进行陈述，不能总结，不能给出建议，不能叙述自己的故事，不能给出结论。你的任务就是问强有力的问题。（教练在线工具箱提供了强有力问题部分，可登录http://www.coactive.com/toolkit获取。）看对方的反馈，再问他总是被提问的感觉如何，然后告诉对方，你自己被限制只能问问题的感受。哪些是有效的？哪些感觉困难？

3. 思考题

思考题是帮助被教练者探索生活中重要领域的开放且有力的问题，一般需要一周或更长时间完成。开始练习之前，需要到教练在线工具箱上看一下所给出的思考题。然后找到10个你之前为之写过全景视角的朋友或熟人。使用你了解到的全景视角及其他信息，为每个人选择一个思考题。

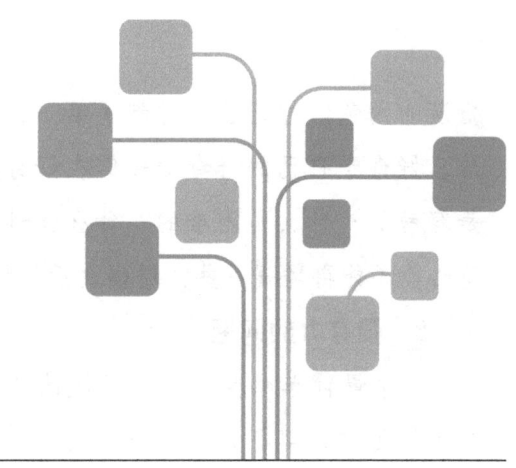

第6章
深化与推进

"行动起来" 是教练最显著的成果，也是被教练者寻求教练支持的原因。被教练者想要发生改变，他们希望看到结果，他们想要继续前行。"行动"的表现因被教练者而不同。对有些人来说，"行动"意味着达到目标或提高绩效；对有些人来说，"行动"意味着掌握某种新技能或养成某种习惯；对有些人来说，"行动"意味着提升某些领域的生活质量。不管被教练者用什么方式定义"行动"，这些都会成为教练的关注点。

在共创式教练中，与"行动"相辅相成的，还有"学习"。"学习"与"行动"同样重要。在教练中，被教练者在教练过程中的"学习"会帮助他们做出更好的选择，最终在教练关注的领域上更具有能力和创造力。事实上，"行动"和"学习"的循环会产生持续且有效的变革动力。被教练者采取行动并从中学习成长，这些成长会驱动他们采取更多的行动，循环往复。教练过程是"行动"和"学习"完美的结合，教练关系持续作用在"学习"与"行动"之上，所有的教练技巧都是用来深化被教练者学习与推进被教练者行动的。

从被教练者的角度来看，强调的是"行动"和"学习"。对于教练来说，要关注的是"深化"和"推进"。"行动"和"学习"是被教练者的体验，深化与推进是教练的责任。

想象一枚硬币。一面是关于被教练者的，铭刻着被教练者的关注点：行动并从行动中学习；另一面是关于教练或在教练角色中的领导者，硬币上的词汇是：推进行动，深化学习。每个角度都有不同的关注点，但是相互连接。它们是同一个事物的两面，教练关系中的双方有着共同的目标。

这种协作的伙伴关系可以从正式的教练或被教练者关系之中观察到。教练是被教练者实现结果的催化剂。每个角色都有不同的关注点。为了被教练者的议程与目标的收益最大化，教练和被教练者创建了同盟关系。

对于那些短期、非正式的教练对话，虽然不那么明显，但潜在的价值与持续的影响还是存在的。对于领导者来说，这是一种思维模式，既关注结果"行动"，也关注成长"学习"。两个关注点缺一不可，这就是领导力的两个重要作用。每个新的任务或挑战都是团队成员从行动中学习的机会。与此同时，关注这些潜在的机会，也是领导力发展的一种方式。

当推进行动与深化学习拥有同等价值时，被教练者或员工就会发展自己的优势，并成为更有价值的贡献者。他们需要学会对交付的结果和自己的学习负责。当领导者更多关注"行动"与"学习"时，他们也在磨炼自己的领导力，企业的投入度和高效程度也将会进一步地提升。

共创式模型的协作本质为这种方式提供了理想的支持结构。它创造了工作关系及教练关系的四个属性：真实、连接、鲜活和有勇气。

真 实

在攀岩运动中，锚点用以保护绳子不会滑落，这种巧妙的装置卡在岩石的裂缝中，不需要的时候可以移除。锚点是一种临时设备，但可以在攀爬者摔下来时保护他们。教练就像锚点，使被教练者敢于冒险攀登生命的更高点。让被教练者意识到这个保护真实可靠且非常重要。

作为一个教练、一个人，你必须做真实的自己，只有这样被教练者才能感受到你的真诚。你将是他们面对风险时的榜样。当你真实地做自己而不是在扮演"专业教练"这个角色时，就为关系增加了更多的信任，被教练者也会更敢于冒险。有时被教练者需要依赖教练关系，他们需要的是一堵自始至终真实且坚实的墙，不是一扇活动的门。

对于领导者与管理者，真实也是建立信任的关键因素。在当今这个快速变化的时代，让人们知道在他们需要的时候什么可以依靠及谁可以依靠至关重要。高效协作的一个坚实基础就是领导力的真实性。

真实可以从很多方面表现出来，个人风格就是其中之一。个人风格是指平常与人相处的方式，不管你平常的风格是幽默还是精灵古怪的，都应该真实地带入教练中。有时教练觉得他们应该严肃一些，教练确实是件严肃的事情。教练确实应该表现出专业的态度，但真实和鲜活在教练服务时有很大的发挥空间。幽默感在合适的时间可以带来轻松和创意，使被教练者能够继续向前。

连 接

想象有一个工具可以衡量教练与被教练者之间连接的强度。这个不可见的连接是存在的，就像手机使用的无线信号一样。有时信号非常强，沟通的距离显得非常近；有时虽然不停地在说，但是像手机显示"无信号"一样无法连接到彼此。

教练的部分职责是建立、监控和保持与被教练者最强的连接信号。特别是在被教练者进入工作或生活未涉足过的新领域时，信号的强度尤其重要。在我们的模型中，这种信号被称为第二层次的觉察或连接，而且教练应在第三层次的聆听中监控、不停调整并保持最强的连接。

在教练中，有时教练需要与被教练者一起冒险：面对挑战或说出令人不愉快的事实。如果是强连接，则迎接双方的会是更多的信任、更近的关系和更多成功的机会。

鲜 活

教练中的行为是由很多技巧和方法组成的，除了行为，还有教练的状态：教练所发生的环境。这里的"环境"不是指物理环境（尽管在教练中它也扮演了重要的角色），而是指教练和被教练者之间的氛围，让彼此能感受到活力的氛围。

作为教练，感觉是敏锐的，你会感受到被教练者也是敏锐的。情绪的氛围可能很丰富：伤心、平静、兴奋或气愤。鲜活不只是热烈，尽管有时热烈代表了活力。如果把环境的不同状态想象成一条连续的线，在"鲜活"的另一端的词汇估计是"死气沉沉""平淡无奇""距离感"或"漠不关心"。

需要注意的是，"鲜活"既可能是安静的片刻，也可能是激烈的瞬间，就像一段非常精彩的音乐。沉静有时非常有活力，因为它与激

烈的表达有着鲜明的对比。一般来说，教练认为教练过程应该是顺畅的、完美的甚至是睿智的。这是可能的，但这绝对不是以放弃活力为代价的。人们经历过一些非常有活力的对话，但话题可能让人感觉不是很舒适。当被教练者离开自己的舒适区时，在教练过程中充满活力而又感觉有一些不舒服是很正常的。

有勇气

提及不舒适，你愿意为被教练者的蜕变付出多少？为了他们的利益你有多勇敢？你呈现出来的勇气就是他们的榜样，像镜子一样。你为了他们的成功像他们一样地投入，甚至比他们更投入。当被教练者想要退却时，你需要有勇气让他们走出恐惧、放下对抗。

这不意味着不停地唠叨、评判或羞辱他们，而是意味着你要强调被教练者勇敢的一面，使其忽略自我否定的一面。这么做不是为了你自己，而是为了被教练者的成长。这是一个无畏的承诺，为了被教练者的议题而不是为了证明自己或迎合对方。这可能有很大的风险，即引起被教练者的不满或愤怒，也可能有被解雇的风险。强大的勇气是与被教练者一起面对挑战的承诺。

引 领

深化与推进是教练的职责所在。作为教练也在不断地选择：选择使用某些技巧和工具，选择某个方向来满足被教练者的自我实现、自觉选择或活在当下。被教练者选择需要关注的议题，而教练选择合适的工具并管理教练过程中的时间与流程。

被教练者对自己的行动和学习负责，而且几乎所有的行动和学习都发生在两次教练之间，而不是在教练过程中。在最好的教练关系中，教练与被教练者就像在共舞一样，有节奏、有起与落、进与退，有时候可能很流畅，有时候也可能不协调或短暂地失联。

在共创式模型中，我们强调被教练者有答案，且教练是公平的。被教练者决定教练过程中的议题，教练负责深化学习与推进行动，换句话说，教练引领教练的过程，对教练流程而不是结果负责。

这是被教练者对教练的期望。作为教练你将与被教练者当下的回应共舞，并为了推进行动和深化学习的目的将教练对话带到下一个新的方向。最终教练为了被教练者的成长而引领。

行动与前进的目的是一切为了被教练者。教练用他们的专业能力支持被教练者在自己选择的道路上前行。如果教练不对过程承担责任，则教练过程可能太过随意或成了完成计划的讨论会。被教练者是带着目的来到教练中的——为了寻求支持或想在生活中某些重要的方面有所改变。教练有责任使被教练者获得不一样的机会与承诺。在组织的环境之中，那个关于最后期限的沟通可能不像一个促进蜕变的互动。但对所有参与其中的人来说，他们的生命会因此不同。

承担责任

教练的一个特性是责任感，责任感是贯彻行动和回顾学习的度量工具。根据共创式的思路，"承担责任"可以简单理解为：被教练者为自己的行动和学习负责。没有评判、埋怨和指责。被教练者对他们的承诺做出一个解释：结果是什么？什么管用？什么不管用？下一次如何改进？

承担责任使教练帮助被教练者按照计划和承诺的行动推进，并从行动（或不行动）中学到一些经验。承担责任为进行中的教练提供了框架支持。作为教练，应使被教练者为他们自己负责，而教练赋能给被教练者，使他们能够做出自己期望的转变，而不是盯着他们的行动或检查行动的好与坏。在庆祝他们取得成绩的同时还要探索遇到的困难。承担责任是维系对话的核心框架。

无论行动计划是具体的还是主观的，重要的是，教练和被教练者双方要对被教练者具体的承担责任达成共识。简单和清晰的问题是确认承诺的最好方式：

你会做什么？

你什么时候去做？（如果是未来行动，就问具体的时间安排。）

我怎么知道？（或者问被教练者会如何跟踪进度并告知你。）

即使承担责任是定性的目标，但也有一些特殊的承担责任。例如，想象一位被教练者想关注创造力，另一位想成为更有决断力的领导者。承担责任可能是以每日思考题的形式出现："创造力给生活带来了什么？"或"具有决断力的领导特质是什么？"这样的承担责任可能会是每天晚上的自我记录："今天，当……的时候我感觉自己很有创造力。""今天，当……的时候我感到了我的决断力。""今天，当……的时候我太优柔寡断了。"也有可能被教练者会把包含了自我反思的每日总结通过电子邮件的形式发给教练。

庆祝失败

把"庆祝"和"失败"放在一起可能十分别扭，但这确实是最重要的教练理念之一。害怕失败会把宏伟计划和精彩创意扼杀于襁褓之中，害怕失败远远比缺乏知识或技能，比缺乏清晰策略和行动计划更可怕。阻碍被教练者前进最大的障碍源自害怕失败。

很多人从小就被告知失败是件坏事，甚至是丢脸的事。人们学会了隐藏失败，忽略失败，为失败寻求借口。更糟糕的是，人们开始逃避风险，为了防止可能的失败越来越小心翼翼，只会选择那些成功的可能性非常高的行动。因此人们的选择越来越少，可以发挥的空间越来越小。其实完全没有必要害怕失败。

小孩子都知道失败是最快的学习方法。孩子们不会通过彻夜研读"如何行走"的手册来学习走路。他们跌倒、爬起来，跌倒、再爬起来，步履蹒跚地一路走来，虽然失败的次数超过成功的次数，但这丝毫不影响他们学习走路的热情。为了在生活中走得更快更远，被教练者必须愿意承担风险，愿意跌倒并爬起来，并从失败中总结经验。这里从失败中学习是关键。行动的过程中难免会犯错误，但这都是宝贵的学习机会。因此教练与被教练者一起庆祝的是这个探索失败的学习机会。

一路上，行动会促进学习，有时被教练者需要穿越失败。下面的内容会帮你铺平这条穿越的道路："我在某件事情上失败"和"我是失败者"是两回事。人们天生拥有创造力、存在无限可能性，并且是完整的。人们不是"失败者"，即使有时会经历一些失败。

实际上，为了实现生活中的蜕变，被教练者经常会触及能力的边缘。有时因走得太远而失败，有时因走得不够远而又错失机会。无论是成功还是失败，一个潜在的目标是从过去的经历中总结学习。这也就是失败的价值所在。有时失败甚至是一种荣誉，因为被教练者有足够的勇气和承诺才会去冒失败的风险。而被教练者往往从失败案例中学到的比那些从成功案例中学到的更多。这也就是把"庆祝"和"失

败"放到一起的原因。

与此同时，庆祝失败并不意味着忽略伴随而来的失望。被教练者需要时间来面对挫折，才能调整好自己，更好地从失败中学习。庆祝在这里意味着尊重和理解被教练者的体验。因为很少有人愿意冒失败的风险，所以我们非常重视失败，它值得人们为之庆祝。

唤 醒

教练由衷地希望帮助他人，当然他们也希望高效、成功并得到尊重。但在内心深处，他们渴望支持他人，那些使用教练方式进行沟通的人也是一样。这就不奇怪为什么教练总想帮助被教练者解决问题。因为这是一种显而易见的助人方式：找到问题，解决问题，让问题消失。管理者和领导者在用"教练方式"与员工互动时经常将其误解为一种更委婉、更温和、更平和的问题解决方式，而解决问题是他们的职责所在。这种误解是可以理解的，因为旧的习惯和期望很难改变。遗憾的是，这种倾向使教练（管理者作为教练）过分关注于了解问题所在，把注意力从被教练者身上转移到问题之上。从长远来看，教练帮助被教练者（或员工）找出适合自己的方式并做出选择，并且能够从中学习是更为有效的方式。

这需要把重点重新拉回到人的身上而不是问题之上。教练或管理者需要记住，你不仅仅是为了解决问题，而是为了帮助被教练者或员工开阔思路，从而在生活或工作中更加有能力解决自己的问题。你的任务是寻找和唤起被教练者的内在力量和潜能。与被教练者一起深化学习，推进行动来面对他们的困扰，这样被教练者将获得更多的满足感和更为精彩的生活。这才是真正意义上的帮助。

想要唤醒被教练者，必须首先唤醒自己。有时教练很容易有所保留，寻求安全，止步不前或者退求其次。当教练这么做时，就背离了教练的信条。有时教练需要勇气真实表达，看到被教练者的无限潜能，并为此而坚持、挑战被教练者和提出要求。教练需要为唤醒人们最好的一面做好准备，而很多时候是先从唤醒自己开始的。

教练技巧

下面的每个技巧都是为了深化学习和推进行动。这些技巧风格迥异，从温和的协作到强劲的果敢，都是为了帮助被教练者解决所面对的问题。一名有经验的教练应该知道什么时候使用激发创意的头脑风暴或什么时候抛出具有爆炸性的挑战。

设定目标

没有具体的目标，人们就会不停地徘徊，想法和点子随风飘来飘去。设定目标会给被教练者一个具体的方向与行动计划，让改变真正发生。目标会很自然地随着被教练者的进展而发生转变，但是行动的开始是聚焦目标和结果。

设定目标细分为两个主要类型：一类是设定了具体时间点的目标，另一类是持续目标。一个拥有具体完成日期的目标可能是："在12月31日之前完成六个项目。"或"接下来的六个月，每个月完成一个项目。"持续目标的例子可能是："周一到周四，每天花三小时在新项目上。"

教练的职责包括帮助被教练者根据他们的计划和意图创建目标。大部分被教练者的第一个突破点可能是把大的目标分解成可控的几个小目标。就像一开始只看到要跨越大陆，之后会变成一个又一个的短途旅行一样。

帮助被教练者设定基本目标对他们最终的成功有决定性作用。最好的目标是具体的目标，即可以衡量或用某种方式跟进结果的目标。这些目标是行动导向的，即使行动的背后意图是定性的。例如："考虑搬到阿拉斯加"这个目标可以被一些行动所具体化：买一本关于阿拉斯加的书或一份海报，把游览阿拉斯加的经历写到日记中或跟生活在那里的人聊一聊。当这些事情排上日程表时，被教练者就更有可能去采取行动。

设定目标看上去非常简单，而且教练会认为这是理所当然的事，但即使简单，也不能低估它的价值和重要程度。教练应该与被教练者对如何设定目标有非常清晰的共识，并寻求最合适的方式和方法。

▶ 对话示例

教练为推进被教练者的行动提供了有力的支持，帮助被教练者采取行动并且从行动中学习，但有时被教练者真正渴望的行动是无为而治。

教　　练：我收到了你的邮件。跟计划的一样，你周三下午请了半天的假，太棒了！

被教练者：感觉特别别扭。

教　　练：整个下午吗？

被教练者：是的。我差一点忍不住打电话到语音信箱看有没有我的留言，但我忍住了。

教　　练：你有什么收获？

被教练者：首先，习惯确实非常难改。其次，我离开四小时天不会塌下来。

教　　练：似乎很有帮助。还有吗?

被教练者：我雇用的人有能力且值得信任。

教　　练：还有吗?

被教练者：细节管控既让优秀的人才感到厌烦，又耗费时间。用节省出来的时间我可以带领公司进入一些新的领域，并且我确实应该在某些方面放手了。我还需要一些时间来休整一下，如果像以前一样我会榨干我自己的。

教　　练：那么下一步计划是什么呢?

被教练者：增加更多的休息时间。

教　　练：好的，现在你已经有些感觉了，这次想挑战什么呢?

被教练者：实际上我知道那是什么，我想在7月给自己放个长假。

教　　练：听上去，就像要了你的命。为了实现这个目标，下周之前你会做些什么?

被教练者：公司大楼里面就有个旅行社。我计划今天下午就去旅行社。我可以发邮件告诉你我的发现。

头脑风暴

再好的想法也可能因为没有具体行动而消失。如之前所说，被教练者确实知道答案，但有时需要被激发。这就是使用头脑风暴的最佳时候。头脑风暴是被教练者和教练为了产生想法、可能性和更多选择的具有创造性的合作方式。被教练者会从生成的想法中排序、选择最吸引人的想法。

有一些基本规则可以使头脑风暴更加高效。规则一：没有坏点子。在头脑风暴阶段不要太担心可操作性。实际上，教练要鼓励被教练者说出一些脱口而出的创意和不太靠谱的想法。被教练者一般会提

Co-Active Coaching

出一些经过思考的想法或者与过去的方案区别不大的点子。这时你应该让这个过程更加有创造性并尽可能展开更多的可能性。规则二：教练不能把自己的观点强加进去，也不能通过头脑风暴的形式暗示自己的解决方案。

头脑风暴是相互激发的，关注如何在对方创意的基础上叠加，而不仅是往创意池子里面添加更多的点子。对于被教练者，这会让一个普通的建议变得更有创意和个性化。例如，如果被教练者建议组织关键人员的半天战略会议，你可以抛出去度假胜地召开战略会议的点子。

> **对话示例**

被教练者：我有点不知所措。15年了我都没有一次真正的约会。我想要多认识一些人，但我都不知道该如何开始。一般人们会做什么？

教　　练：你想做什么呢？

被教练者：我不知道。你有什么好想法吗？

教　　练：要不来个小型头脑风暴？

被教练者：当然，我很需要。

教　　练：好，你先来。

被教练者：在我上大学的时候经常去酒吧，但现在我不想再去了。

教　　练：可能你不会选它，但它还是一个选择。头脑风暴中，所有点子都是好点子，都是可能性。这是个社交场合。你喜欢休闲运动吗？滑雪或溜冰怎么样？

被教练者：登山、远足，亲近大自然的运动。

教　　练：很好，你可以加入登山俱乐部或自己成立一个单身人士的远足俱乐部。还有没有其他选择？

被教练者：我又想到了，社交服务网站。

教　　练：志愿者怎么样？社区服务不是对你很重要吗？你想在哪个领域去做志愿者？

被教练者：我孩子的学校。我想更多地参与他们的生活。

教　　练：还有什么能够体现你价值观的方式可以让你遇到更多的人。你谈到了自然……我们也谈到了社区服务……

被教练者：你说到"自然"的时候，我想到了园艺。我想这也是一个选择。

提出要求

我们一直在强调，尊重被教练者的议题，被教练者是有资源的，他们知道答案或知道如何找到答案。但适当的时候，教练也可以提出一些具体行动。基于你的专业训练、经验和对被教练者的了解，你应该会有一些感觉，它们常常是被教练者已经在考虑，有了一定方向，并能够带给被教练者更多学习的行动。你只是把行动的信息以提出要求的形式传递给被教练者，并让被教练者对行动负责。

例如，你和被教练者正在讨论家庭财务问题，并尝试找到更加有序的方法。你可能对被教练者说："你愿意在本周内做一份个人和家庭的月度预算计划吗？"注意提出要求的表达有特定的格式：要求的本身是具体且能够被衡量的（被教练者实际上可以对此负责任），而且提出要求的结尾寻求被教练者的承诺。这比只是简单地要求被教练者这周花时间厘清一些财务问题更有力量。这种表达方式就像在沙子上画一根线一样提醒被教练者，这个事情很重要。最终，被教练者会把这种对行动的请求当成个人的承诺，而不仅是接受教练分配的任务。

成功提出要求的关键是不要执着于你的要求。当你觉得被教练者应该实施你自己的完美想法时，你就已经开始认为这是被教练者获得结果的正确方式了。这是你的议程，而不是被教练者的。被教练者对提出要求可以有三种不同响应：接受、拒绝或讨价还价。被教练者可以接受你的要求，或者拒绝你的要求，还有可能进一步商谈。如果你的想法被拒绝了，你可以稍微坚持一下，并解释为什么你会认为有效和会带来好处。也有可能被教练者一开始没有完全理解，所以当回答是"不行"时，你也应该确认这个答案是否出于恐惧的本能反应。

如果被教练者拒绝了你的要求，看看有没有讨价还价的可能性。你可能说："你会做什么呢？"教练的整个关注点在于某种形式的行动和学习，只要发生了，根本不用在乎是谁提出的主意。

顺便说一下，提出要求的艺术，不仅用于教练中，也是共创式关系的技巧，更是生活中的技巧。在工作节奏快、压力大的组织之中，人们往往会选择"更容易"的路径：压抑不满、忍受现状，然后继续前行。然而，随着时间的推移这种"更容易"的路径就成了不断增长的毒素，不停地污染环境。很多情况下，早期提出一个要求就可以避免这种令人痛苦的情形。

> ### 对话示例

教练与被教练者

被教练者：还有件事，我们谈到过我对于健身缺少自律……尽管我说过这挺重要的。

教　　练：怎么了？

被教练者：我想我已经找到了内在的驱动力。

教　　练：这是什么？

被教练者：我想我和其他人一样都盼望着这次10年的聚会。我也

真想减掉5千克啊。

教　练： 你的健身计划怎么样了？

被教练者： 我每周去一次健身俱乐部。我知道这不够。

教　练： 我们之前聊过这个。你喜欢游泳，对吧？

被教练者： 没错，我之前还是游泳队的呢。

教　练： 好吧，我想要求你每周最少游泳四次，每次最少30分钟。你能做到吗？

被教练者： 我宁可每周三次，每次40分钟。这可以节省我往返的时间，但运动的时间一样多。

教　练： 你想怎么对这件事负责任呢？

被教练者： 我会每周报告进度，就在每次我们开始教练时？

管理者和下属

管理者： 和新来的两个平面设计师相处得如何？

下　属： 嗯……不错。

管理者： 听起来不够有说服力啊。

下　属： 他俩在各自领域里面做得非常出色。

管理者： 继续，听上去还有后面的话。

下　属： 我不想扼杀他们的创造力，但是他们对自己的想法非常坚持，而且互相支持。

管理者： 这样的影响是什么？

下　属： 进度赶不上啊，说实话而且我们逐渐失去了与之前设计的一致性。（被教练者也注意到了这点。）

管理者： 这样的话，给你带来的机会是什么呢？

下　属： 给反馈的能力，学着如何给有方向的支持性建议。我得再适应适应。

管理者：我有个要求……你可以"接受""拒绝"或"讨价
还价"。

下　属：好。

管理者：开始每日的现场反馈会，每人10~15分钟。在会议之前提
前准备一下要说什么。

下　属：这个可行。调整一点，我想和他们两个人一起进行。这
样他们就可以相互跟进那些反馈了。

提出挑战

挑战是让被教练者尝试超越、走出自我限定的边界，去到看似根
本不可能的区域。如果挑战有足够的冲击力，被教练者会跳起来说：
"这不可能！"如果得到这样的回答，那么你已经进入正确的区域
了。你对他们潜力的认识要远远大于他们自己的认知。被教练者会
有两种反应：一是被你提出的艰巨挑战所刺激，二是因为你如此相
信他而有了底气。大多数的被教练者都会断然拒绝你的挑战，然后
开始讨价还价。即使他们讨价还价的行动都可能是一开始他们想都
不敢想的。

想象你的被教练者正为他好好先生的模式所困扰，他总是会过度
承担。无法设定边界正在给他造成巨大的压力。被教练者想要打破这
个模式。作为教练，你对你的被教练者说："我想让你挑战一下这周每
天说30遍'不'。"被教练者说："不可能，这样的话我会在一周内
被开掉。"你说："看，这是第一个'不'，还差29个了。"你的被教
练者会讨价还价"我只能做到一天10个，这是我的极限了。"你说：
"15个吧"。最后被教练者同意了。区别于继续讨论不愿说"不"有
多困难及带来的后果，现在被教练者起码愿意一天练习15次。这就是

挑战的力量。

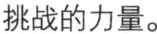 **对话示例**

被教练者：过去的六个月里，我感觉我的头上一直笼罩着一片乌云。

教　　练：你之前说过这种状态，我感觉比乌云要严重多了。你在这种灰暗的状态下已经好几周了。感觉无精打采而且饮食失调……就是因为赶这篇稿子。

被教练者：是调研报告。实际上调研已经结束，就等着写报告了。

教　　练：什么时候能完成？

被教练者：按照当前的进度来看，我不知道。

教　　练：估计要花多少小时？最乐观的估计是什么？

被教练者：不好说，估计30小时。

教　　练：我想让你挑战一下，在下周咱们见面之前完成这个报告。

被教练者：下周？太疯狂了！

教　　练：你能在一周内完成吗？

被教练者：嗯，是有可能，如果我只干这一件事的话。

教　　练：你会怎么去做？

被教练者：我会先试着写个草稿。

教　　练："试着"是什么意思？

被教练者：好吧，我会把草稿完成。尽管可能有些小问题。

📁 提示方法

在教练关系中承担责任是一种提示方法。它是一种聚焦和自律的手段。实际上，可以用任意方式来提醒被教练者兑现之前承诺过的行动。提示方法要与日常生活相关，能够吸引被教练者的注意力，让被

教练者维持行动。提示方法的形式多种多样，如设定一个早上起床的闹铃就是一种简单的提示方法，它提醒你时间并叫你起床。关注行动的提示方式可以多种多样且非常有创造性。

不同感官的提示方法会带来不同的感觉，有的是可以触摸到的：如穿上心爱的西装参加董事会议；有的是可视化的：如在办公桌上放一幅梦想之家或者梦想之旅的图画；有的是听觉化的，如在完成项目或健身时放一段对自己有特殊意义的音乐。

被教练者的行动承诺可能被日常的生活所影响。太过熟悉的常规生活、来自家庭或工作的需求，甚至被教练者自己对变化的抗拒也会使良好意图和个人承诺落空。提示可以不断提醒被教练者关注自己做出的承诺。

以下是一些提示方法：

用图片做一个特别的屏保。

在家里或办公室里贴一些具有提醒作用的便笺。

用墙上的图表来跟踪每天或每周的重要成果进度。

聆听冥想音乐或有声书籍，或者创建能鼓舞自己的音乐专辑。

给被教练者打销售电话的时候，挑选一件特殊的衣服穿上。

点上蜡烛或熏香。

找一个特殊的物品放到口袋里，如小石头或玩具。

改变房间灯光的颜色，或者调节明暗度。

设定某个最后期限，如为了邀请朋友到家里聚会，尽快装修完毕或收拾干净。

设定有创意的完成任务后的仪式和奖励。

提示是在教练过程中保持行动和学习的一种方法。每位被教练者对不同的感官的敏感度不一样。尝试不同的方法来找到对被教练者有效的方式，与他们一起共创。这里的关键字是"乐趣"。提示的目的是保证被教练者在某些有难度的事情上专注和自律。当你把提示方法设计得更好玩时，被教练者也会更容易跟上你的步伐。

练 习

1. 提出要求

没有沟通到位的要求常常以抱怨的形式出现。就像在餐馆你抱怨头顶上方的空调总是冲着你，你可以选择继续抱怨或提出要求。其实只要提出适当的要求，一般会引发行动，并且解决抱怨。

可以尝试以下练习：写下25件你在生活中抱怨的事情，即没有满足你期望的事情。写下的每个抱怨不一定要有合适的理由。如果你抱怨天气，就写下来，上帝应该不太会在意你的抱怨和要求的。

凑足这25个抱怨后，把每个抱怨改写成提出的一个要求。尽可能把提出要求的对象锁定为有能力完成这些要求的特定的人。然后，一个一个地找人说出你的要求。记住，对方的回应永远可以有三个选择：接受、拒绝或讨价还价。

2. 提出挑战

回到第3章全景视角练习中的10位朋友或同事。你的目标是给每人一个挑战，用来解决全景视角中的问题或使之产生巨变。你的挑战会极大加强这些人的学习成长。确保你的挑战是他们自己认为很难完成的任务，也要做好他们跟你讨价还价的准备。

3. 提示方法

你的被教练者太忙了，已经不能保持办公室的整洁，这种混乱的结果严重影响着他。他必须要做些什么。你的任务是想出10个可以帮助他关注解决问题并使办公室更加整洁的提示方法。或者，想一想你生活中可以更加专注的场景。为自己想出10个可以提示的方法。

重要的是，被教练者不会因为要做的事情太少而找到你，他们会因为要做的事情太多需要聚焦到重要事情上而寻求帮助。每个人在工作上都会遇到相似场景。大量的需求和期望需要被处理，有时对他们真正重要的事情在混乱中被丢失了。提示方法提供了一种聚焦的手段，就如同在忙乱环境中的聚光灯一样。

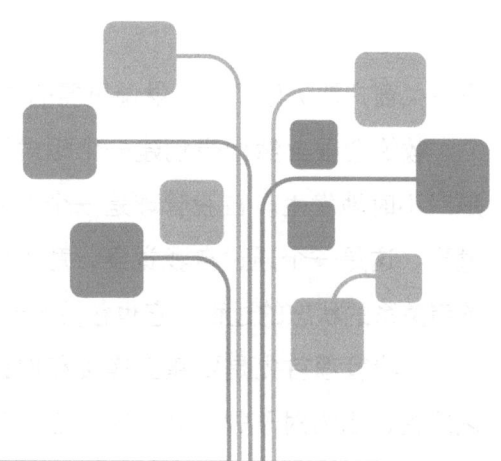

第7章
自我管理

你与被教练者保持 100%的连接是非常理想的状态。作为教练，你用第二层次的聆听跟随被教练者，同时用第三层次的聆听去感知，听从自己的直觉，你就像一个管道一样。你和被教练者就像停留在一个大泡泡中，一个安全的、与外部纷扰隔离的空间里。这种状态很理想，但是有时你们正在投入地交流，电话铃响了。或者，你自己的想法和感受突然出现在大脑中，你不再投入，你与被教练者断开了连接，那个安全罩也瞬间无影无踪。这可能发生在与任何一个被教练者对话的过程中，也有可能多次发生。有些时候被教练者说的话会使你走神或勾起你的某种强烈回忆。这些自然的反应会引起你思想和感受的错位，即使非常短暂的一瞬间。

你可能有完全无关的思绪，如你忽然想起来要去餐馆订位。教练过程本身也会有一些干扰，如还在回味之前精彩的片段，或担心自己做得不好给被教练者带来的影响。你们也会受到外部环境的影响，如狗叫声、警笛声或暴风雨声。也有一些只有你自己注意到的事情，如

没有关窗户飘进雨了，会淋湿重要的文件。

教练会很自然地想创建一个相对干扰较少的环境，但这些影响还是时不时地发生。自我管理是一个自我觉察和"复原"能力相结合的过程，这是一个通过自我觉察，意识到你当下的状态和当前你与被教练者关系的状态的过程，它也包括重新连接的能力。

自我管理首先是要建立连接和保证投入。这在组织环境中尤其有挑战性，因为对于领导者或管理者来说，教练沟通的机会通常是自然发生而非正式的教练约谈。想想在会议结束之后，管理者和下属之间的15分钟对话。虽然这不是提前计划好的，但这可能是一天中最重要的教练机会。

总结如下：在共创式关系之中，自我管理是对被教练者完全承诺的表达方式。它是关于在当下创造全然的连接状态，这也是为什么它在共创式要素之中占有重要位置的原因。如果100%是最理想的连接，自我管理是当这个连接未达到100%时，教练、领导者重新投入和重新连接的过程。

碰出场外

被教练者是活生生的人，这是用另一种方式说明他们在某种程度上是不可预测的。一个比较常见的自我管理，发生在教练对话过程中，教练对话的关注点意想不到地被切换，或者在持续的教练过程中关注点不断变化时。这种随时随地跟随被教练者的反应能力是共创式教练的重要技能，它是共创式模型的四大基石之一：与当下共舞。敏捷的舞步需要高阶的自我意识和自我管理能力。

自我管理需要区分仅仅跟随被教练者漫游和保持被教练者议题之

间的差别。问自己"我们是否偏离轨道"这个问题会让你暂时拉开距离，就像内在有一个观察者在观察整个对话过程。为了使教练过程保持在正确的轨道上，会有很多个这样的短暂停顿，让教练可以快速客观地审视当前的状态。

作为教练，过于关注教练的内容或被教练者的问题是比较棘手的事情。你突然发现你的注意力转移到一些细枝末节、专有名词、日程安排上。你对被教练者准备实施的行动计划有所保留。这就是分神了。你不会总是赞同被教练者的计划，这时自我管理会选择尊重被教练者的行动：实施计划、做出改变、面对失败或成功并从中学习。为了真实你可以与被教练者分享你的保留意见。平心而论，你可能认为自己分享的意见很重要，但是要注意你是在提供自己的经验与观点，而不是"正确的答案"。

对于管理者来说，有一种想要跳入问题之中，帮忙修正和解决问题的本能。退后一步是自我管理的真正挑战。但如果你发现这是一个绝佳的教练机会时，克制自己提供解决方案的选择是明智的。请放心，你的专业知识和建议自然会有用武之地。

在任何的教练对话中，关注对话的内容及走向是自我管理的一个重要方面。但毕竟教练也是人，也会因情绪被激发而引发本能反应。可能是谈论的话题，可能被教练者会使用你觉得不舒服的语言，或者对你敬佩的人或你的同事说一些贬低的话。不可避免的是被教练者带入教练过程的内容触动了你的某根神经，你的个人立场立即跳出来与被教练者的观点进行对抗。

在那个"撞击"的瞬间，你被影响了。这时你就会生气想去评判和防御，感觉到自己被冒犯或者很恼火。人们的反应各不相同，但这种情形常被称为"钩住了"，就像一个很大的钩子钩住你，把你猛拉

到一边。此时的你会完全关注第一层次的想法和意见，关注点已经不在被教练者身上了。

这会在你意想不到的时候发生。想象一下，你的一位被教练者正在练习说"不"的技巧：拒绝没有补偿的加班，拒绝影响健康的零食，拒绝同事占用自己宝贵的时间，拒绝一段无益的关系。这个练习的进度时好时坏，但最终他有了一些进展。

然而在今天的教练过程中，他又回到了原点：同意了周末没有加班费的加班，上周每天下午都吃了一堆零食，他还打算给那段不再有益的关系一次机会。面对这些，你想要让自己保持冷静、耐心并且有同情心，你眼睁睁地看着这些事情一再发生，也清楚地看到被教练者为此付出的代价。让你抓狂的是他自己看不到这些，或者更糟糕的是他明明知道却继续选择这些自我破坏的行为。你甚至能够感到你的愤怒已经快从嗓子眼喷发出来了，心跳越来越快。你受够了！

即使你抱着为被教练者好的心态，但这一时刻，气愤、绝望、坏脾气已经非常危险地把你与被教练者之间的连接断开了。

还有一种情况会发生。例如，有一位与你合作三个月但没有任何进展的被教练者。与最初见面的时候相比，她没有多少进步。针对那些无法完成的行动，她喋喋不休，重复着相同的理由。你已经尝试过一切可以使用的方法和技巧，黔驴技穷了。

对这段失败的教练过程，你对自己有许多评判：太不专业、太不称职，你失败了。在过去的三个月里你没有对这个寄期望于你、充满渴望的灵魂有任何帮助。现在，你都没有勇气承认这一点并把她介绍其他称职的教练，让她得到应有的帮助。在教练对话过程中，你会被笼罩在内心的自责中，被教练者在不知所措时，你已经走神了。

信号就在那。当你发现自己陷入自我分析，感觉在防御、在评判或懊恼的时候，警铃应该响起了。你的反应、想法和感受的状态都还处于第一层次上，你与被教练者失联了。你像一只被困在笼里不停奔跑的老鼠，你需要找到自己的方式与被教练者重新连接。

领导者和管理者更为担心这种情况的发生，这也是他们不愿意轻易使用教练方式的主要原因。他们害怕自己会做错（"我没有受过足够的训练"）或担心会伤害别人（"我不是治疗师"）。这样的信念来自我们的第一层次，而事实上这不过是一次两个人之间带着好奇心全情投入，一起共创的沟通过程。

禁 区

自我管理也包括你在教练过程中止步不前和有所保留的时候。当然我们都希望最好的教练过程都发生在教练的舒适区里，可惜往往并非如此。教练有时不愿意冒险，他们可能不太确定或害怕导致的后果。

在教练过程中考虑到被教练者情绪的起伏，有时你不愿意说出残酷的事实，特别是让你自己不舒服的事实。你因为害怕失去被教练者或害怕组织中的负面影响而对自己的想法有所保留。教练因为不想冒犯被教练者而有所保留，其实这种保留反而是一种冒险，冒着被教练者无法开阔思维面对生活的风险。被教练者难道不会因为你的保留而离开吗？这非常有可能。如果教练的过程不再活跃、停滞不前，就失去了我们之前描述过的那种鲜活的状态。

具有讽刺意味的是，那条让你不舒服，不愿意走的路，可能正是被教练者需要去经历的。顺便说一下，你可能没准备好，但可能是被教练者已经准备好了。

认真思考一下自己生活中有哪些领域是让你不适或有所保留的，哪些可能来自你的经历或旧有模式。很有可能，这些都是你在教练中不愿去触碰的一些区域。对于你来说，这些就是盲区，已经生成了自动化反应模式。大多数情况下很难被识别。也许有一天你会找到那些让你有所保留的心结，并加以解决，但是你的被教练者不会等到那一天才去探索这些区域。

如果你现在正在忍受寂寞，那么当被教练者谈及寂寞的话题时，你就想切换话题的方向，找另一个话题来探讨。因为你的情感正在经历纠结，所以你不愿意与被教练者一起探索这个可能对被教练者有价值的话题。或许被教练者的话题是在权威面前无法真实表达，也可能是一些关于金钱或性的尴尬问题。走进这些领域对被教练者的学习或行动至关重要。自我管理是意识到这些让你不舒服的问题，并且为了被教练者的利益，你愿意走出自己的舒适区与被教练者一起探索。

自我评判和正确的判断

作为一个特定的人群，教练非常重视学习和成长，包括他们自己的、被教练者的及他们周围人的学习和成长。顺理成章，教练具有很强的自我反思能力，有时会演变成不切实际的自我评判。

自我管理会识别出内心的自我评判，并且对建设性的分析和自我破坏性的退想加以区分。应对的关键点与你告诉被教练者的相似。首先，确保你客观地看到在整个过程中有哪些具体的评判或观察？要清晰、详尽地描述，并且关注自己的体验。然后问自己几个问题：对我来说什么是真实的？我可以从中学习的是什么？这些问题值得关注，因为有时它们会影响你的判断或引发一些不良反应。

在做出最坏的诠释之前，你要给自己一些思考的空间。当然这个思考需要在教练之后与你的同事或自己的教练一起进行。作为教练学习和成长的一部分，识别出干扰的因素对于教练和被教练者都同等重要。你越善于识别你的自我评判，你就越能帮助被教练者看到他们对自己的评判。

自我管理还能让你意识到在什么情况下已经超出了你的能力范围。当你被现实打击时，对自己好一些。在这样的情况下，对被教练者还有你自己来说，最有建设性的事情是推荐另一位教练或提供其他资源来继续帮助被教练者。也许这位被教练者更需要一位职业规划师或者心理咨询师。有时只有在一起合作以后才会知道，两个人的风格或气场不和。

对于与团队成员一起工作的管理者来说，一个类似自我管理的场景是，尽力使用教练技巧但收效甚微。这可能是由很多不同原因造成的，在此无法一一列举。在自我管理的要素之下，管理者要注意：不要强迫，不要评判，尝试用其他方式与这个员工沟通。

提高管理者的自我管理意识还有其他好处。他们不仅能在日常对话之中表现得更为积极，而且也能够意识到阻碍他们的一些模式。自我管理的修炼为觉察自我的习惯和固有模式提供了机会，这种觉察可以带来更多的创造力。

练　习

连接断开？说出来

保持坦诚。虽然你有着在教练过程中全然当下的良好意愿，但与被教练者的连接有时也会断开。断开可能源自显见或不太显见的原因。例如，你突然发现忘了今天还有一个重要的会议，或者有人突然敲门，或者被教练者的话让你想到了你跟同事之间一段非常不愉快的对话。那一刻，你与被教练者的连接断开了。面对这种情况最有效的方法是承认它："不好意思，我刚才走神了，错过了你说的内容，你能再说一遍吗？"

承认自己走神实际上是建立更多的信任，并又向对被教练者的承诺迈进了一步。你可能会不想让被教练者知道你走神了，但往往他们能够感受到，尽管不一定说出来。承认走神，更重要的是在关系中显现自己诚实的一面。被教练者会敬重你的真诚，不去掩盖事实，而且会看到你言行一致且认真地兑现自己的承诺。

▢ 做好准备

如同进行任何一段重要对话之前需要准备一样，这是关于每次教练之前进行准备的过程。你可以简单地回顾一下最近教练对话的记录。除此之外，很多教练在约谈之前有一个准备仪式。给自己几分钟的时间沉静一下，回想一下你的意图或目的，而不是从一个任务急匆匆地进入另一个任务。这是一种能够引导自己进入教练状态的方法，在身体、情绪、精神甚至心灵的不同层面做好准备。

作为自我管理的实践，当你的精力被生活中发生的事情所牵绊时，这种准备就更重要了。虽然你是教练，但也是个人。时不时发生的一些事情会让你把注意力转移到自己身上。例如，某天你被堵在去办公室的路上，你为是否能够准时到达而焦虑着急。所以在你跟被教练者开始之前最好整理一下自己的思绪，回到当下，使注意力回到被教练者身上而不是关注自己的状态。

除了每天影响你的琐事，一些重大事件也可能影响你。你可能收到关于朋友的坏消息：切片检查结果出来了，是恶性肿瘤；或者你刚刚与合作伙伴大吵了一架。

这种情况下，你很难找到一种方法，让自己全身心地投入教练中。你可能已经寻求同事或自己教练的帮助，但要恢复到正常的教练状态几乎不可能。这样的话你应该与被教练者重新约时间。对于正在准备进入教练角色的教练或管理者来说，一个很简单也很关键的问题是：你准备好了吗？或者你能够准备好吗？当然，你也可以咬紧牙关，坚强地面对被教练者，在困难的时候坚持不懈是令人钦佩的——但只是到一定的程度。自我管理就是要知道这个"度"在哪里。

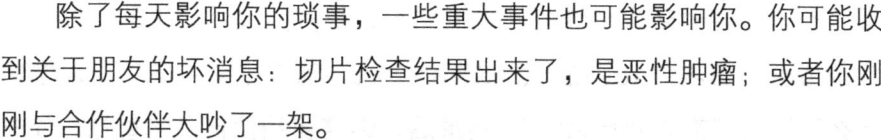 观点和建议

☐ 管理者的两难境遇

对于领导或管理者来说，这是一个常见的自我管理场景：员工需要解决某个问题，或者需要应对某个挑战。在这个充满压力的环境工作，不断地追求结果，推动项目，做出抉择。你知道时间在一分一秒地流逝。

你坚信教练能力是核心的领导能力，是提高团队能力的工具。你愿意教练你的下属，也看到了它的价值。然而，有时候压抑不住解决问题或给出建议的冲动。这绝对是一个需要自我管理的时刻。你既要找到问题的本质，又要尽可能地提供最大的帮助。这个时候你可以问自己，此刻我是谁？我是老板？专家？知己？还是一个教练？

最终，作为管理者要回答一个问题，如何能更好地服务这个员

工，在当下还有未来。你的回答需要考虑很多因素：员工的发展、团队的成长、团队绩效的提升。面对这个机会需要平衡"从中可以学到什么？"与"需要做什么？" 到最后，你需要相信自己的直觉，并觉察你的惯性或者冲动。有时，最有效、最有利、最正确的不一定是另一个强有力的教练问题，而是一个基于经验的解决方案。这就是自我管理。

□ 教练两难的境遇

我们持续强调，人的本质是富有创造力的，充满无限可能性的，并且是完整的，所以他们知道答案或知道如何找到答案。尽管如此，当教练的知识与经验具有很高的相关性，可以节省被教练者的时间、金钱和精力时，保留自己的知识或经验似乎毫无意义。被教练者不会像面对管理者一样期待教练分享经验，但有时，即便没有问到，教练也会发现自己能够贡献一些什么。

关键在于：只要教练谨慎地把自己的经验带入对话，鼓励被教练者在探索多种替代方法的同时找到自己最共鸣的方式。教练的经验就会被视为一个潜在的选择，而不是"专家"给出的建议。简而言之，不要把不能分享自己的观点或建议当成一个死板的规则。自我管理需要服务于被教练者的利益，酌情而定。

这种判断力也会延展到教练的个人故事的分享。在大多数情况下，教练不需要讲述自己的故事。教练和被教练者之间的教练关系是区别于朋友关系的，也区别于合作伙伴、同事或与管理者之间的关系。

教练的关注点都聚焦于被教练者和他们的生活及教练议题。大多数情况下，与被教练者分享教练的故事是不合适且浪费被教练者时间的行为。这里故意使用了"大多数情况"这个词，因为有的时候一些关于自己的小故事会增强信任和关系。教练不是一个陌生人或无生命体，而是一个愿意建立信任和共创式关系的人。

关键是"关系"一词。一个强有力的关系会建立信任和安全感并保持开放，而且越深度的关系越能让被教练者去迎接更大的挑战，做出具有胆识和活力的选择。至此，教练也应该能够看到，自我管理需要灵活和随机应变。在共创式模型中，最终的决定都是基于被教练者的长远利益来考虑的。

对客户的好处

前面描述的自我管理主要是从对教练影响的角度来看的，但教练提高自我管理的能力也对被教练者有帮助。他们以教练为自我管理的榜样，观察着教练自我管理带来的影响，也会对当下的发生更加敏感，并且知道什么时候双方的连接断开了。学会在事情发生时说出真相，即使会有些尴尬；学会从断开的连接中恢复，这样的学习会延展到他们的生活中，有益于创建更好的关系。

实际上，只要被教练者不断提高聆听技能并更多地跟随自己的直觉，随着教练服务的深入，他们也会在生活中学习自我管理。尤其是在被困住或者偏离轨道的时候，被教练者会对自己的内心波动更为敏感。提升被教练者自我管理的能力会帮助他们更快地识别出需要自我管理的情境并使其思路更为开阔。

教练技巧

以下为与自我管理相关的教练技巧，这些技巧强调了人际关系的

动态发展，帮助教练和被教练者保持各自的优势。

恢 复

显然，自我管理要素中最显性的技能就是恢复的技能：恢复是意识到关系中断或断开之后能够重新连接的能力。对于教练来说，断开连接可能是在对话中感到疑惑或走神，也可能是对刚才被教练者所说的内容或讨论的议题有强烈的情绪反应。恢复包括三个部分：意到、言到、连到。

意 到

意识到这步非常关键。不需要了解到底发生了什么，更不需要知道是什么原因。简单意识到对话中的变化、切换或连接断开非常重要。

言 到

描述刚才发生的事情，如"我刚刚走神了"或"刚才一分钟精神没有集中"。是否分享给被教练者由你决定，但我们会鼓励你这么做。这样被教练者知道你处在什么状态。简单地说出这些，教练过程反而会恢复得更快。

连 到

每个人对于连接都有不同的策略，而且每种不同的场景都需要不同的恢复过程。最重要的是使你的注意力再次回到被教练者身上——关注第二层次的连接，重新投入，回到当下。

征求许可

教练提醒被教练者教练的方向由被教练者自己决定的一个重要技能就是征求许可："我们可以讨论这个问题吗？""我能告诉你我看到了什么吗？""你想要一些反馈吗？"当教练在征求许可的时候，

提醒被教练者关注自己在关系中的力量。在这个过程中，教练也会知道自己在关系中的边界。

　　教练的征求许可是自我管理的信号，并提醒被教练者开始对教练关系和自己的生活负责。当教练征求许可时，被教练者会感到自己被尊重，同时也感到自己的边界受到尊重。特别是对于某些隐私或会让被教练者不太舒服的议题，征求许可非常重要："我能告诉你我印象中的你是怎么处理这件事情的吗？"

▶ 对话示例

被教练者：我发现咱们之前的计划行不通。我还得见机行事，用自己的方法解决。像前几次一样，还得靠我自己。

教　　练：首先，之前的计划行不通我并不吃惊。你需要选择最合适的行动。我相信你知道什么是正确的选择，而且会向前推进并在选择后总结学习。那么，你选择了什么？

被教练者：这就是我做的事情。选择了不同的行动，然后执行。

教　　练：在我们继续之前，基于你对这些事情的处理情况及以前的讨论，我想征得你的同意给你一些反馈，可以吗？

被教练者：我有种感觉，你要说的可能我不一定喜欢。但我想只要能够学到一些有价值的东西，就是好的。你说吧，我听着。

🗋 简　言

　　有时被教练者不断讲述自己的故事，并完全控制了教练过程；有时被教练者从一个故事跳到另一个故事；也可能不停地说就是被教练者的风格，他们下意识地逃避有挑战性的话题或害怕直面问题。这时

候简言就是直截了当，让被教练者说出重点的技巧。

你最好在开始教练关系时就介绍这个技巧，这样的话你说到简言的时候他们不会不适应。不是要打断一个无趣的故事，相反那个故事可能非常精彩。但故事只是背景，背景在教练关系中不是最重要的。一般来说，教练中的时间都是宝贵的，所以没有机会让被教练者讲述完整的故事和细节。教练需要直指核心，让被教练者简言是帮助他们回到问题的本质。

对于教练来说简言是一个非常重要的技能，教练也不应该说太多。教练需要简言，让被教练者多说。

▶ 对话示例

被教练者： 我知道我总是这么说，但这周确实没时间。我一周总有一到两天要出差……每周有一天晚上还得去上课……我还得花一些时间陪我的家人……

教　练： 汤姆，能简言一下吗？

被教练者： 我答应帮助我父亲照顾我母亲。像他这个岁数和健康状况，真需要一个帮手。我只是没有时间兑现我的承诺。

教　练： 接下来你会做什么承诺？真正的承诺。

被教练者： 我没法控制出差，只要一出差什么事都得放下，唉……我看不出有什么解决办法。

教　练： 汤姆，简言之，你将承诺什么？

被教练者： 嗯，我想每周能空出一个晚上照顾我母亲，而且在我出差的时候可以给我父亲打电话，或经常给他打电话。我知道他喜欢这样。

 **喝彩助威**

之前谈及过肯定认可。肯定认可是发现并认可被教练者的内在品质和闪光点。当你用肯定认可的方式反馈时,被教练者会感觉被看见。喝彩助威与肯定认可有些相似,但更关注于支持被教练者而不是识别品质。

当被教练者质疑自己的能力或面对挑战犹豫不决的时候,你应该坚定地支持他们。这不是空泛的加油。作为教练的你为之喝彩助威,因为你真心相信他们。被教练者会知道你是否真诚。当你不真诚的时候,不仅达不到喝彩助威的效果,而且可能失去自己的信用。但当你告诉被教练者你相信他们的能力、优势和创造力时,会让他们对自己和自己内在的资源更有信心。

可能是他们自己尚未发现的潜力和优势,或者他们根本不相信自己。当被教练者感觉疲惫或路上布满荆棘的时候,你需要为他们喝彩助威。如果想重新点燃被教练者的热情,可以说:"你如此投入,我知道你肯定行。""你一次又一次地展现了自己的善意和坚定,这次你一定没有问题。""创意是你的天赋,取之不尽,你肯定行的。"喝彩助威是一种确认,因为你有能力发现他们的潜力,它是对未来的展望,就像你站在山顶,看到他们冲过终点线,最终达到目标一样。

对话示例

被教练者:这真是一个很好的机会,有一个我特别想要的职位,但风险也很大。如果去争取的话,估计对我来说是世界上最具挑战的目标了。

教　练:借用奥林匹克的口号,"为了山羊而努力"(Go for the goat),我在开玩笑,为了金牌而努力。冠军需要些什么?

被教练者：说实在的，对于这件事，我看不到金牌，甚至银牌或铜牌。我不确定我是否属于本次比赛，而且我也看到了很多有竞争力的选手。

教　　练：现在我不是开玩笑了。玛丽，我知道你能行。这个职位非常符合你内在的渴望和对职业的定位。你也拥有相关的技能，拿下它会非常圆满。当然这有些冒险，这也是挑战，所以会让你感觉既兴奋又紧张。我知道你为了这个机会做了很多的准备，我知道你能行。

被教练者：我知道你会这样说的。当我自信不足的时候你这样说给了我很多信心。

释　放

释放是一个非常有价值的倾诉技巧，它可以帮助被教练者回到当下，以开放的状态进入教练对话。当教练过程开始时，被教练者可能处于成千上万种可能的复杂情绪或心境之中。可能他们刚刚错过了升职的机会、朋友遇到严重的交通事故、个人信息被黑或与搭档或同事发生了争吵；或是才度完假回来还没收心，甚至刚刚陷入热恋中。

当被教练者的心思被其他事务所牵绊时，很难进入深刻且有效的教练对话中。显而易见，他们需要先清空。如被教练者非常明显地表现出心烦意乱、难过和易怒的状态，可能生活中有一些重大的事情正在发生。但有时也会是一些细微甚至无声的信号，被教练者看上去只是有些烦躁，或者你感受到细微的能量波动。也许刚开始被教练者不想谈及此事，但当你感到他们正常的创造力受到抑制或限制时，你可能需要提议先做释放。

想象一下，被教练者因为感到不公平而生气，她的情绪就好像空气中挥之不去的异味。你可能说："看起来你遇到了一些障碍。让我们花几分钟把这些障碍清除，这几分钟里你可以允许自己抱怨、发牢骚、自怜自艾，甚至可以夸大。"这个时候，你能做的就是帮助她释放情绪。实际上，教练把握释放的程度也非常重要。

被教练者经常在释放的过程中感觉很奇怪，并总是想停止释放。这样的话，你必须推动他们，把负面情绪都释放出来。这个过程可以设计得像在玩游戏，不断给他们一些压力："声音再大一些。还有没有别的？之后怎么样？感觉如何？他真是个蠢货，再多说些吧。"

▶ 对话示例

教　　练： 你看上去心不在焉，感觉今天上午我们需要很努力才能集中注意力。

被教练者： 我没法集中注意力。我昨天在股市上赔了2 500美元，感觉自己就像个智力障碍者。

教　　练： 听上去你需要释放一下，咱们才能继续。

被教练者： 我想你是对的。

教　　练： 花一分钟的时间，释放一下。

被教练者： 我感觉自己像个大笨蛋，比这个还糟糕，我告诉两个朋友这是21世纪最合适的买卖，最后他们俩也赔钱了。

教　　练： 是很糟糕的。还有什么？大点儿声说。

被教练者： 好啊，我对自己会相信"天上掉馅饼"感到羞愧。我很后悔把事情想得太简单了。

教　　练： 还有什么？

被教练者： 我太太估计会拿枪把我杀了。我让她和孩子们失望了，夏天之前我从哪里再找2 500美元和家人一起度假啊。

教　　练：你感觉你让家人失望了……还有什么？

被教练者：我应该能够避免这样的事情。

教　　练：你对自己有了评判，"应该能避免这样的事情"。还有什么？

被教练者：现在脑子一片空白。

教　　练：除了空白还有什么？

被教练者：我想我需要放下这伤心事。

教　　练：你会怎么做？

被教练者：这个倾诉是很好的开始。我觉得和太太一起散步会有帮助。越早面对越好，我们俩都喜欢散步。

教　　练：还有没有其他的？这是你今天想要谈论的议题吗？

被教练者：不，谢谢你问我。有可能的话，我今晚就会约太太去散步。不过我们现在有更重要和紧急的问题要解决。

换框重组

被教练者经常会钻牛角尖，他们看问题的角度有可能是片面的。教练换框重组的能力会为被教练者展现出不一样的视角和新的可能性。想象一下，你有一个被教练者，满心欢喜地等着签订一个重要的咨询合同，却发现合同签订被延迟最少六个月。他自然会很失望。作为教练，你可能让他意识到利用这段时间，他可以完成他一直想写的系列文章，这有可能带来新的机会。这样，你帮助被教练者关注他的终极目标，从而重塑了这段经历。几乎是同样的信息，只是有不同的诠释方式而已。这种诠释方式为被教练者展现了生命的全景。实际上只要你让被教练者进行换框重组，就会有一些效果。在前面的例子中，可能会是这样的表述："我听出了你的失望。但你如何用这六个月为其他新的业务打下坚实基础呢？"

没错，换框重组总是看到事物的积极面。但它不光能够让被教练者感到自信满满，体会到"明天又是全新的一天"或"大海中有无数的鱼等着你"，更把被教练者生活中的真实片段从另一个角度展现出来，从中发现尚未意识到的全新机会或道路。

想象一下，被教练者被信用卡债务所困扰，并且告诉你很难做出什么改变，尤其是现在家里的主要电器都需要更换时。你可以指出在过去几个月里，她已经努力改变自己的消费习惯，持续归还了一些欠款。换框重组不会改变事情本身，但它表现出了被教练者思维的开阔和她对于承诺的重视，最重要的是换框重组把"我的生活被信用卡所控制"转变成了"我的生活被我控制"。

 **对话示例**

以下例子中，一开始被教练者从自己的角度看待这件事：他花了六周做的商业计划最后不了了之。但他也从中学到了如何写一份新的商业计划，而且有了一些新的意向。简而言之，在这样的经历中蕴藏了很多积极的信息。这是教练的关注点，基于这些积极信息，深化被教练者的学习和推进相关行动。

被教练者： 绝对的不了了之。六周的努力，现在什么都没了。

教　　练： 六周之前你的计划非常有希望，我记得你当时非常兴奋。

被教练者： 当时是兴奋。

教　　练： 经过六周你学到了什么？

被教练者： 我学会了如何写一份精彩的商业计划。比我之前写的漂亮多了。

教　　练： 还学到什么？

被教练者： 我学会了如何将我的商业计划呈现给非专业人士。

教　　练：非专业人士？

被教练者：是的，包括银行家和风投。

教　　练：还学到什么了？

被教练者：我知道了我有能力写商业计划，尽管我还是比较喜欢做工程师。

教　　练：这样看来，你对这六周有何评价？

被教练者：我想下次再有机会的话，就会只用一半的时间了。现在我所有的幻灯片都准备好了，而且有了现场呈现的经验。我可以用现有的资料去找新的投资人，说不定有人看好我的项目呢。

教　　练：太棒了。那这周你想做点什么呢？

⊟ 做出区分

换框重组是一种帮助被教练者用全新视角来审视当前状况的方法。另一种方法是帮助他们把模糊的概念用清晰的定义区分开，这些概念相互纠缠形成限制性信念。这些限制性信念有时听上去很合理，却经不起推敲。例如，"众所周知"。

例如，有一位被教练者认为，她是部门负责人，需要对结果负责，那么她自己必须成为一名无所不知的专家。她总是担心团队中会有人问到自己无法解答的问题，这会让她很难堪，并有损她的名誉与权威。而事实上，她是经理，团队其他成员在某些方面更专业、更有经验。作为教练，你客观地看到了区分。你可以说："听起来你把这两件事合而为一了，'因为是经理，所以你必须知道所有的答案。'如果这不是真的呢？"

> 对话示例

教练场景

被教练者： 我每周都使用日程表做计划。周日的晚上我做下一周的安排。但没一次管用的，到周二就乱作一团了。

教　练： 如果你严格按照计划执行会发生什么？

被教练者： 总有人向我提出请求，有一些着急的事情需要我的帮助，而这些事情又不在计划之中，所以一切都被打乱了。

教　练： 你要是拒绝他们会怎么样？

被教练者： 这样不行，在这里根本行不通。如果你想要成功的话，就得干得快、随机应变、到处救火。这也就是公司所说的"团队合作"。

教　练： 听上去这事让你很困扰，感觉你把几件事情混在一起了，咱们尝试把它们分开如何？

被教练者： 举个例子吧，我不太理解你的意思。

教　练： 你好像说过"当别人需要我帮忙的时候，我需要取消原来的计划"。

被教练者： 是的，在公司确实是这样的。

教　练： 这样的话……你能和我演练一下吗？看看能否找出一些其他思路，给你一些不同的视角。

被教练者： 当然可以。

教　练： 现在有两个事实，一是人们提出了要求，二是你有自己的计划。在过去，你总是自动接受别人的要求。有没有其他方式回应这些要求？

被教练者： 我可以说我需要看一下我的安排，然后推迟接受。

教　　练：很好，有没有其他方式？

被教练者：我想我可以尝试拒绝他们。

管理者与员工场景

下　属：嗨，玛丽·艾伦，有几分钟时间吗？

管理者：有，什么事？

下　属：团队中某几个人不太合作，我没什么思路。我需要一些建议，现在的情况没有好转的迹象。

管理者：需要什么具体帮助？

下　属：我希望对每个人都公平。我负责分派项目，有的项目令人兴奋，有很多展示创意的空间……坦白地说，有些是挺没意思的。你知道的，你之前也干过这个角色。

管理者：哦，听上去有人觉得不公平。

下　属：我们团队的一些牛人——你也了解他们的工作情况。他们总是在抱怨，当然不总是冲我抱怨。他们想多拿些钻石，少拿些砖头。

管理者：我刚才听你说，你想要公平地对每个人。

下　属：确实，我认为大家平等地分配任务是重要的，无论是令人兴奋项目的还是无聊的工作。

管理者：作为团队主管，你认为问题的关键点是什么？

下　属：我如何让那些业绩好的人满意，同时还能保证公平？

管理者：我可以分享我的一个观察吗？

下　属：当然，等着呢。

管理者：听上去你把两件事情混淆在一起了。你说的"公平"与"每个人都做同样的工作"这两件事情。如果把这两件事情尝试分开的话，我问你"在一个真正高绩效的团队，公平是什么样子的？"

下　属：你不准备告诉我答案是吗？

管理者：不，这是团队主管该回答的问题。

　　以上这些都是概念混淆的经典例子，它们是可以被分开的。这样的话被教练者可以逃脱自己设置的陷阱。在把这些混淆概念分开之时，就是新的可能性浮现之日。

练　习

1. 自我管理

　　你一般会在教练对话中的哪些部分走神？在哪些场景需要自我管理的介入？列出被教练者会把你拉回到第一层次聆听的10件事情。例如，"你在听我说吗？"下一步，列出10个可以把你拉回到对话并保持强连接的方法。

　　了解在教练过程中的自我评判。什么时候你会挑剔自己教练中的问题？花一些时间反思，列个清单。你越多意识到对自己的这些评判，你在教练中被它们带走的可能性就越小。

　　你会逃避哪些话题？哪些话题让你感觉缺乏经验、没有信心或者不舒服？对于管理者来说，什么时候你会陷入想要立即解决问题的困境？哪些情况下你会被激发？

2. 喝彩助威

　　把第3章中的10位朋友或同事的清单再次准备好。通过电话、邮件或书信的形式为他们喝彩助威。下面这点是关键。你相信他们能够做到"它"，"它"是他们各自想要采取的行动或达到的目标。作为教练，你要回答的问题是：你是如何知道的？这是喝彩助威的最核心因素。你知道他们能够做到的理由，

证据是：_____。把这个空填上。然后告诉他们你相信他们可以做到及你观察到的证据。没有清晰证据的喝彩助威会显得平淡、空泛。当你摆出你的证据时，他们心中的信念也会越来越强。

3. 释放

教某位朋友或同事释放的技巧，使他们能够听你倾诉。伙伴的职责是鼓励你思考得更深、更大胆地表达，直到把你心中的困扰全部释放出来。对方不用了解你内在发生了什么。这么做的目的是激发你倾诉，就像比赛中为运动员加油一样。

接下来找到自己生活中需要释放和倾诉的领域与伙伴一起练习。结束的时候，与伙伴分享过程中的心得或感受。完全释放之后，"能量"发生了什么样的变化？

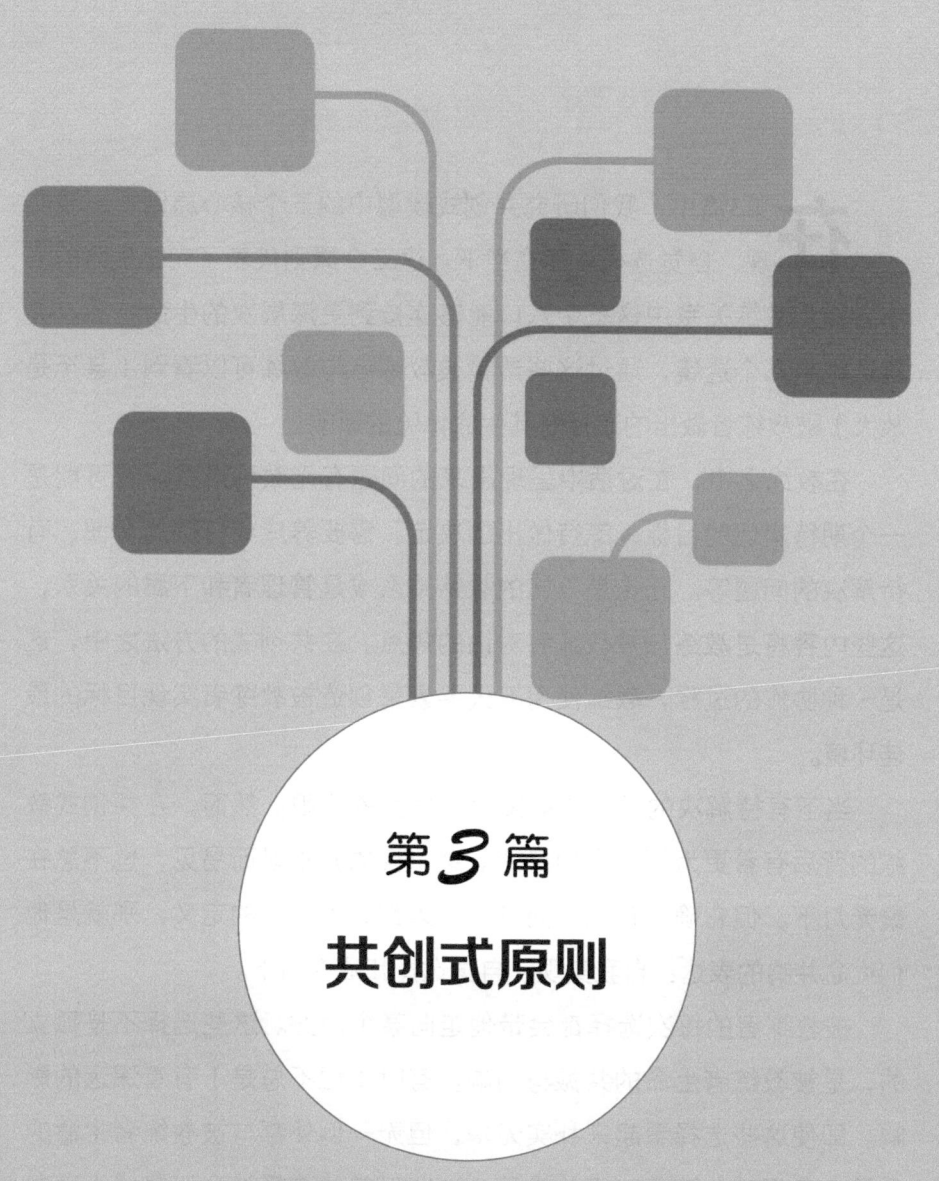

第*3*篇

共创式原则

在第3篇中，我们研究共创式模型中的三个核心原则：自我实现、自觉选择、活在当下。这三个原则代表了完整生命的三个方面。教练关系中这三个入口能够连接到更深层次的生命特质。并且这也是三个透镜，通过这些透镜被教练者与教练可以看到（甚至是放大）被教练者做出的选择对其生命体验的影响。

在教练之中，在对话中呈现出来的问题有无数种形式。它可能是一个期待实现的目标、等待做出的决定、需要养成或打破的习惯、有待解决的问题等。无论是正式的教练关系或是管理者和下属的关系，这些内容将是教练与被教练者对话的焦点。在共创式的方法之中，这是一种协作的过程，教练使用五大要素来创造被教练者实现目标的最佳环境。

当下有待解决的问题是教练对话发生的原因。然而，在共创式教练的背后有着更为深层次的目的。这个目的并不显而易见，也不总在聚光灯下。但它确实存在，而且每个人都有不一样的定义，那就是他们生命共鸣的表达：自我实现、自觉选择和活在当下。

被教练者的每次选择都会带他走向某个地方。这些选择不是孤立的，是被教练者生命的共振与回响，有时（但不总是）有着深远的影响。即使这些选择看起来朴实无华，但无一例外都与被教练者生命的质量息息相关。随着时间的推移，这些日常的选择就会汇聚成为通向更有意义、更加平衡和有着更丰富体验的生命进程。

在这个部分中，分别描述各个核心原则，描述对应于这些原则的相关实践、练习和示例。

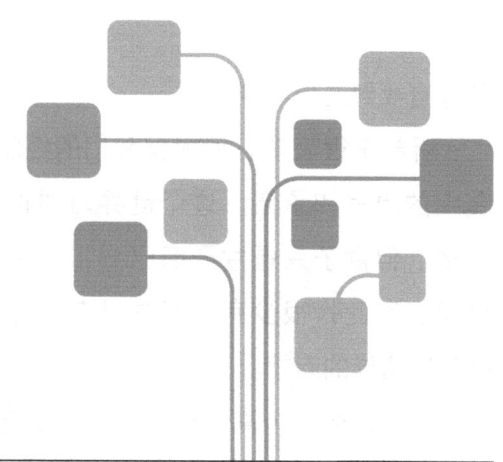

第**8**章
自我实现

花时间回忆一下自己的生活。你希望的自我实现的生活是什么样的？不管你脑中的答案是什么，你的答案肯定比"你想要什么"更为深刻。更深层次的探索使自我实现成为共创式模型的三个核心原则之一。坦白来说，大部分人不会因为"我想要更加自我实现的生活"来寻求教练支持。这个想法也不会是你的下属来寻求你帮助的原因。一般来说，困扰他们的是摆在他们面前的具体和紧急的议题。他们可能不会将这个特定的议题与自我实现联系起来。这个关联是掩藏在事情表象之下的，是他们更深层的渴望。一个自我实现的生命是有意义、有目的、有满足感的生命。

这种渴望就像船上的龙骨一样深深支撑着被教练者的生命，它是被教练者生命存在表象之下的形态，是他们一路走来的动力。没有龙骨，船会被变幻莫测的风吹得东倒西歪，毫无方向。我们为被教练者所做的最有价值的事情是帮助他们厘清他们个性化的自我实现是什么，以及自我实现如何连接到当下的议题。自我实现的工具会帮助被

教练者找到这个连接。

听起来很简单，但根据我们的经验，被教练者选择自我实现需要莫大的勇气和承诺。这个世界习惯把人挤到盒子里，这些盒子非常舒适。但盒子只是盒子而已。工作中的压力是为了达成一些短期的结果。因此，很少有时间去思考"当下的发生对自我实现有什么贡献？"这样的问题。

想要创建一个真正自我实现的状态，必须打破现状，并形成涟漪效应。这是设定自我实现目标并转化成行动的核心。当这样的连接建立时，当下具体的行动就成为自我实现的一部分，每一天都是蜕变的过程。当开始教练关系时，教练需要帮助被教练者理解自我实现的重要性和对他们日常生活的影响。

对自我实现的渴望

自我实现的挑战首先来自被教练者的关注点。在追寻自我实现的过程中，被教练者会看到自己拥有什么、缺乏什么，看到理想和现实之间的差距，然后寻找一些事物来缩短这种差距。这些"事物"可能是一个非常明确的目标，如一份高薪的工作、一个度假别墅、一份成功的事业，也可能是一个追求，如一段浪漫的关系或一次提拔机会。

遗憾的是，这些拥有都是短暂的，满足感只是一时的。相信你已经在生活中有过这样的体验了。可以想象一下当你得到后迅速消退的惊喜感，得到新车、得到升迁或认识新朋友六个月之后的状态。"自我实现的生命"不会通过"完成"或"获得"来实现。这是一个持续不断的创造过程。只要人们还在不停寻找"某个东西"来定义自己的自我实现，人们就只会得到暂时的满足感和不断的饥饿感。

 达到自我实现

共创式模型为自我实现创建了一套不同的框架。我们会问被教练者，怎样才能自我实现？回答不是"也许在未来的某一天，当目标实现的时候"，而是"今天"，因为自我实现存在于生活的每一天。这就是共创式模型对于自我实现的立场。展望未来作为一个练习可以让我们感受到自我实现。当下每一刻为达成愿景付出的努力也是自我实现。自我实现的关键是选择的过程而不是未来的发生，不是"一旦我_____就会……"（下画线上填上内容）。

关于自我实现的疑惑可能来自文字。自我实现意味着"实现"，像是一种人们可以最终达到的状态：充足、完备、完成的状态。自我实现是一个悖论，因为今天实现了，明天还可以通过不同的方式来实现，后天再次发生，日复一日地实现。尝试捕捉自我实现的状态会让你失望，"抓住"自我实现就如同把阳光装进瓶子里一样有难度。

这不意味着阻止被教练者对生活的渴望。他们还是有很多想要的东西，如成功的事业、更多的金钱、浪漫的关系，但这些东西都是自我实现的表达，而不是自我实现本身。

自我实现不是感觉良好

人们经常把自我实现和感觉良好混为一谈，把它们区分开来很重要。自我实现和感觉良好可能同时存在，但这不是必需的。自我实现常常会有水到渠成，与宇宙能量共振以及万物和谐的感觉。从生活的痛苦、挑战、不适的过程中也可以感受到自我实现。有些人感受到自我实现是在他们的生活最艰难和挣扎的那段时间。当时他们充满激情地投入对他们重要的事情中。如果你问团队成员职业生涯中自我实现的体验，他们很可能讲述如何克服巨大挑战的故事。不是轻松的体

验，但让人受益匪浅。

他们痛并快乐着。也许专注和忘我的投入让他们清楚地知道什么对他们有价值并使他们真正达到自我实现。但这样的自我实现不一定总是感觉良好或令人愉快的。有目的、有使命感或服务他人的生活可能非常艰难，有时甚至伤心欲绝或精疲力竭，但同时也是最能达到自我实现的状态。自我实现的两面性在于既拥有内心的平静同时又经历着外在的挣扎。

⊟ 鲜活的生命

实际上，可以把自我实现简单地描述为：自我实现就是全然鲜活的生命状态。自我实现是完整地展现人们是谁、人们选择做什么正确的事情。被教练者对自我实现都有这样的体验。他们认为这是一种整体感、满足感、正义感及和谐感。

也可以用"共鸣"一词描述这种感觉。生命是一种振动的频率，对人们重要的事物因共振而趋向一致。在人们做出选择时，振动有时会非常剧烈、有力、刺激和激动人心，有时会让人感受到宁静、柔和和亲切，或者可能是这些特性的组合。不管怎么说，被教练者都会感到共鸣。生活或职业中的片段会让人感受到完整和鲜活。这种感觉可以通过有意义的工作、贡献价值、付出和接受、赢得胜利、表达创意来实现，是一种感受完整性的体验。

当行动与深层次的意义相一致时，就会感觉到共鸣的巨大力量。创建行动与意义之间的连接，激发他们的渴望与承诺，这样的话，当山路陡峻，行船逆风的时候就会帮助到被教练者。

⊟ 大"议程"与小"议程"

在共创式模型中，不管是否明确呈现出来，总能看到议程。大议程是教练的核心部分，它是关于被教练者完整且共鸣的生命状态，也是被教练者活出自己价值观的生命状态。它存在于不断变化的行动中，平衡着被教练者的生活重心，并且存在于每一时刻中。被教练者全然投入生命的进程中。不一定需要明确表达，有一个问题萦绕在教练和被教练者的耳边：你想要的生活状态是什么样的？在这个问题中，强调的是"状态"二字。在自我实现的教练过程中，我们通过"你的愿景是什么？你想成为什么样的人？最有活力的生活会给你带来什么？"来寻找被教练者的大议程。

同时，有一段关于行动的对话正在进行，没有行动教练对话也就是一个比较有趣的聊天罢了。行动会使被教练者走向自我实现，行动会让自我实现的生命真实地发生，这是"共创"之中的"创"的部分，这是小议程。它非常重要，且不能被忽略。大议程和小议程都是非常重要的，它们是探索自我实现内容的两种方式。小议程包括目标、行动、承担责任。在每个教练过程中，被教练者都会通过关注议题、实施计划、定义目标、承担责任来落实行动与深化学习。

在共创式模型中，小议程会导向并充实大议程。这是非常重要的。教练的责任在于把握被教练者的全景视角，并确认预期的行动来自被教练者的共鸣并使其生命更为完整，而不是被恐惧或责任所驱动。

自我实现与价值观

想象一下，做什么会给你带来最大的快乐和最深的满足感。与深爱的人在一起，得到重用，天赋得到发挥？你的世界肯定是快乐的。在这些完美的画面中，人们得到了自己最珍视的东西。

价值观和自我实现的联系太显而易见了，反而有可能被忽视。帮助被教练者发现和澄清他们的价值观有助于创建出一个人生地图，引导他们做出一个又一个的决策。与被教练者一起澄清价值观时，教练会对被教练者的行为有更深层次的了解，如哪些是重要的，哪些不是。被教练者会找到对他们来说最为重要的事物。这会帮助被教练者找到他们的立场，找到那些自我实现的选择。

遵循价值观会最终达到自我实现，即使这个过程很艰难。如果被教练者非常看重真诚，他们会发现有些场景下坚持真实表达会给他们带来不适。这种不适感会渐渐消失，遵循价值观带来的内心确信会一直保留。然而，当无法坚持自己的价值观时，被教练者就会感到言行不一或内在冲突。人类是灵活且有韧性的，可以隐忍并带着纠结和冲突继续前进，但代价也是非常巨大的——一种出卖自己的感觉，感觉生活是在忍受着背叛而不是走向自我实现。

价值观不是道德或原则

价值观不是道德，道德上的正确与否在教练过程中没有意义。尽管"高道德标准"可能是一种价值观，但价值观不是某个道德品质或行为。价值观也不是原则，像自我监督或标准化行为。价值观是由内至外的生命特质。在价值观中，没有内在的道德评判。令人羡慕的不是价值观本身而是被教练者能够在生活中活出自己的价值观。当认可自己的价值观并根据价值观的指引来做出人生选择的时候，人们就会感到内心的"正确感"。每个价值观都会有其独特的音调，在人们活出他们的价值观时，丰富多彩的声音会奏出和谐的乐章。如果没有按照价值观的指引生活，人们就会感到不协调与不和谐，甚至影响健康。

对于领导者和管理者来说，重要的是要知道价值观体现在选择之中，而且行为是选择的结果。你每时每刻都在彰显自己的价值观，你的下属也一样。作为一名领导者，你的行动（做或不做的决定，如何对待他人，任何一件事情）都会被你的下属或同事看到。他们在观察你。通过行为确定你的行事风格，事实上，也不断地揭示了什么是你所看重的。将组织的价值观张贴在显眼的位置是个不错的主意。但注意，你的行为或反应方式会比纸条更有说服力，因为事实胜于雄辩。

员工的价值观也体现在他们的行为上。通过观察他们行为中体现的价值观，可以了解什么对他们来说是重要的、优先级是什么、如何做出选择及这些选择将会如何影响工作关系。不用进行正式的"价值观澄清"练习，你就能知道什么对他们来说是重要的。例如，你有两位员工，一位非常重视尊重与包容，另一位非常重视完成任务与达成结果。他们都会基于自己的价值观做出选择，在他们的合作之中，可能会因为不同的价值主张而陷入僵局。这里没有对错之分。这是一个通过冲突来展现不同价值观的例子。

⬚ 价值观澄清

价值观是无形的，不是人们能做或享有的事物。例如，金钱不是价值观，尽管金钱作为一种资源可以服务于人们的价值观，如有趣、创新力、成就、内心平静或服务他人。旅行不是价值观，整理花园不是价值观，但它们都是可以实现某些价值观的活动，如冒险、学习、自然和灵性。尽管价值观是无形的，但有意思的是，它能被其他人看到。走入一个陌生的房间，你能从人们的衣着、站立姿势、交谈方式、谈论内容上感受到他们的价值观。你可以感受到弥漫在屋子里的价值观，如力量、友善、亲密、连接、独立、有趣等。

作为教练，你应该能够通过被教练者的表述、行动及选择或放弃什么来帮助被教练者澄清他们的价值观。你也将看到被教练者坚持或背弃他们的价值观，而不管是坚持还是背弃，你们都会从中学习并有所收获。这也是为什么可以时常回到价值观澄清的原因。

因为语言的局限性，人们经常把一些价值观浓缩为某个词语，而不去探寻价值观丰富的内涵。我们将看似相同的价值观延展开来，用一组描述价值观的词汇串在一起并用斜线分开。例如，"崇尚自由／勇于冒险／探险"与"崇尚自由／独立／灵活选择"有不一样的内涵。

实际上，这些词语远不如被教练者对价值观的感受。所有这些价值观和价值观的集合都是因人而异的。如同身体特征让人们拥有不同的相貌和体型一样，对价值观的排序及澄清也定义了我们是谁。作为教练，完全理解被教练者价值观的含义可能不重要，重要的是要让被教练者清晰这些价值观所代表的含义，并在他们偏离航线时帮助他们回归正确的轨道。被教练者独特的比喻和表达要比一般的词语更形象。被教练者可能有以下价值观：

- 狼性／狂野舞者／小淘气

- 夜光／丝绒／薰衣草

- 热情投入／用行动说话／绝杀

以上这种独特的和个性化的表达方式比字典里的任何词语都能传达更多的能量，并最终让他们在生命之中活出这样的价值观。

价值观澄清的价值

澄清价值观的最有效方式是从被教练者的生活体验中提炼。让被教练者描述在自己生活中发现的价值观，使用他们自己的语言表达出来。尽管任何生活场景都可以用来挖掘价值观，但是那些有强烈感受和巨大影响的场景特别有效，无论是正面还是负面的。这时价值观是自然涌现而不是从价值清单中挑选出来的。当被教练者用一个清单来思考价值观时，就有点像购物的感觉："这个不错……别人会羡慕的。"这是因为人们倾向于评判自己的价值观，列出那些认为自己应该有的价值观，如人们喜欢的灵性或者正直，而抛弃那些别人不太认可的价值观，如追求个人权利或希望得到认可。

价值观可以在被教练者每天的选择中彰显或背离，也就是说，每个行动都可能体现或背离某个价值观。作为教练你会问："这个价值观在什么地方能体现出来？""哪些价值观会被你忽略？""哪些价值观你不会妥协半步？"当你与被教练者一起找到一些个人价值观时，另一个有效的练习是让被教练者将这些价值观排序，从上到下列出前10个。

排列的过程要比结果更为重要。你要让被教练者清楚，他可以随时更改列表中各条目的顺序。排序的练习让被教练者关注每个价值观的内涵，并通过排序来感受每个价值观对自己的重要程度。有些教练会通过做游戏让被教练者排序："如果你只能携带10个价值观来探索一片未知且充满危险的大陆，哪些是你一定要随身携带的？"通过这样的权衡，被教练者会提升对影响他们生活的价值观的意识。

下一步是被教练者对这些价值观的彰显程度从1到10进行打分，1意味着生活中没什么体现，10意味着在生活中随时发生。在被教练者生活的某些方面，肯定有一些分值为4、5、6的重要价值观。往往是一些让他们难过、愤怒或怨恨的场景，因为重要的价值观被忽略或背离了。在教练对话中，这是一个非常好的机会，可以针对这些价值观问："这是关于哪个价值观的？""在这样的场景下，你需要如何才能坚

守这个价值观？""背离这个价值观的代价是什么？""是什么阻止了你？"

作为管理者，你可能不会跟每个员工都进行价值观澄清的过程。但如果你做了，这会带来很大的好处。这会让你深入了解员工潜在的关注点。哪些是影响他们抉择的重要因素，也可能是存在盲点的领域。只要简单地把注意力放在价值观对行为的影响上，就会让你更深入地了解员工如何抉择、如何沟通、如何管理资源，甚至是如何面对新的挑战。作为管理者，你就可以看到行为背后的意图和动机。

自我实现的教练过程

就像你看到的一样，自我实现是非常个性化的，并且不断演化。一些在25岁能带来自我实现的内容可能在35岁时失去了吸引力；35岁舍我其谁的激情可能让位于45岁时对内心宁静的追求。帮助被教练者描绘当下自我实现的景象非常重要。为了实现这个目的，有很多工具（见图8-1），可以帮助被教练者澄清对自我实现的定义，你可以在教练关系中一直使用它们来完善被教练者的愿景。（教练在线工具箱提供了更多工具，可登录http://www.coactive.com/toolkit获取。）

满足感的层次

就像为被教练者自我实现的宏观景象在当下的呈现拍个快照一样，生命之轮（见图8-1）是一个非常高效的工具。被教练者思考每个领域自我实现的状态，最后给出1到10的分数。你和他就每个领域进行讨论，询问他对自己在金钱、人际关系或健康领域自我实现状态的看法。或者问他在职业发展的领域，自我实现的状态是怎么样的。

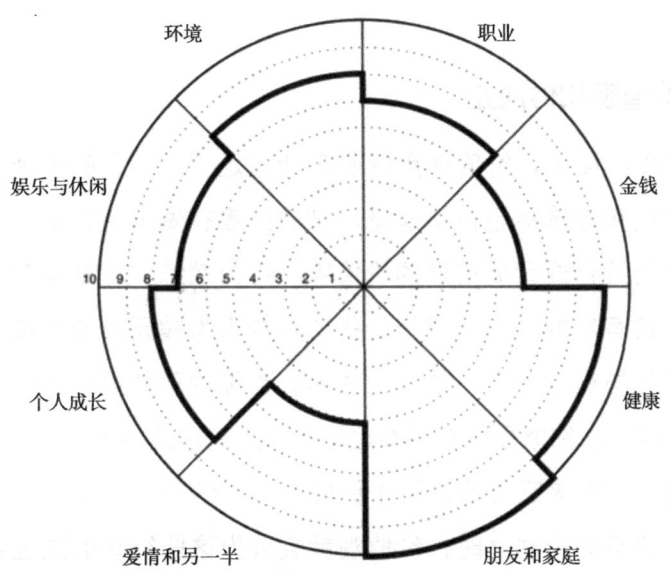

图8-1　自我实现的生命之轮

　　注意，你不是问被教练者需要什么才能达到自我实现，你要强调的是，需要做什么才会达到自我实现，然后朝着这个方向不断探索。不管有什么收获，继续再问："还有什么？"可以再多说一些。这是为了挖掘更深层次的意义。时不时地澄清你听到的内容，并反馈给被教练者。例如，我听到你说如果有钱的话你会感到安全一些，听上去，安全感是你的价值观。对吗？

　　使用生命之轮，被教练者可以看到自己生活中的哪些方面的自我实现不尽如人意。在教练的帮助下，被教练者会经过一个定义自我实现的过程。例如，在健康方面，自我实现的分数是6。做什么可以将分值提高到10？为了提高分值，你会做些什么？

　　对于管理者来说，这个练习的一个变形是让员工设计一个"工作之轮"，每个部分都是与员工的工作和职业生涯息息相关的重要内容。可以问以下的问题：在工作中自我实现包括什么？在这些方面你的分数是多少？

⬜ 价值观和做决定

在教练过程中，价值观用以确定什么是"正确"的选择，也会让人们意识到哪些选择会留下遗憾。被教练者在做出决定之后，可以重新审视是否符合或背离自己的价值观。作为教练，了解被教练者的价值观是非常有用的。你会看到一些特定的行为被无形的力量所推动，这些力量是与被教练者价值观的共鸣。当你注意到重要的价值观被被教练者忽视时，你似乎能看到泰坦尼克前方潜在的冰山。

在做出任何决定之前，关于价值观的对话都是非常有帮助的。被教练者采取不同行动之时，价值观就会成为这些行动的试金石：这些行动是让你更加接近自己的价值观还是逐渐远离？如果你做出决策，它会体现哪些价值观？当被教练者在生活中做出重要决策的时候，问一下，这些决策的行动是否会对他最重要的10个价值观起到积极作用？程度如何？基于最重要价值观的决定一定是更能自我实现的决定。这些决定不会总是很轻松或令人愉快的，可能需要付出代价甚至会有令人不适的结果。总之，随着时间的推移，被教练者会越来越接近自我实现的目标。

反面的例子一遍又一遍重复出现，如被教练者会根据银行账户余额、内心的恐惧或担心冒犯他人来做出决策。他们判断哪个最容易或影响最小，然后做出选择。这样的决策无法让他们达到自我实现，因为背弃了自己的价值观。（教练工具箱提供了更多关于价值观清晰的例子，可登录http://www.coactive.com/toolkit获取。）

 自我实现与人生的意义

对人生的意义的描述是对活出完整生命的另一种诠释——有意义地活着，不断做出选择来提升自己或他人的生命价值。表达人生的意义就像站在山巅，在一个更广阔的场景下观察自己的生命。他们会问："对于家庭、工作和社区来说，什么是我特有的贡献？我的生命会给世界带来怎样的不同？"追求有意义的生活是自我实现的体现。在这条路上，自我实现扩展到外面的世界，并会返回来滋养自己的生命。

拥有意义已经成了职业生涯和工作满意度的一个关键因素。人们寻找的不仅是一份有薪水的工作，他们在寻找有意义的工作。在一天结束的时候，他们能够感觉到自己的贡献与创造的变化。找到工作的目标与意义是一个极大的动力，让人们可以全心投入工作中。

有很多种方式能够引导出被教练者的人生意义，也有很多种方式来表述人们存在的目的。有人称它为"使命宣言"或"愿景描述"，它会深入每个人的内心，让他们去寻找生命的馈赠，世界会因为这个生命而有所不同。

寻找人生的意义是一条路径，而不是一个终点。在这条道路上，被教练者会听到很多来自内心或外部的声音，告诉他们应该去到其他方向。有时他们会听从这些声音，特别是在不确定自己人生意义的时候。寻找并阐述人生的意义会给被教练者非常强烈的人生方向感。人生的意义宣言中的真相会让他们勇往直前。

一般来说，探索人生的意义会比较费时。这个过程包括自我反思，阅读资料，记录生活或采访他人。探索人生的意义的过程像是剥洋葱，一层一层深入，直指被教练者生命核心的真相：我感受到世界的渴望是什么？面对世界的痛，我可以做什么？我想要传递的是什么？我能为世界留下什么？人生的意义是关于被教练者的天赋得以发

挥，善用自己独特的人生经验和智慧的。能够自我实现的人生是有意义、有目的而不是无意识的过程。（教练在线工具箱提供了一系列练习来帮助被教练者清晰人生的意义，可登录http://www.coactive.com/toolkit获取。）

因为关注完整的生命和自我实现的生活，所以人生的意义的陈述在教练过程中非常有价值。通过自我发现、价值观的澄清和愿景的描述，人生的意义会在教练过程中更为鲜明地展现出来。教练通过肯定认可被教练者并挑战他们将自身的潜力发挥到极致，特别是当被教练者需要做出一些艰难决策的时候。活出人生的意义并不容易和常见。它在某种程度上是对自我实现的最佳诠释。

不和谐

当你已经习惯于追随价值观时，你可能认为自己已经掌握了让生活更为幸福的秘诀。既然如此，为什么人们不能一直跟随自己的价值观呢？这个问题的答案五花八门。最常见的答案是人们的恐惧比追求自我实现的愿望更为强烈，这种恐惧会伪装成不同形式的自我否定。

如果被教练者没有基于价值观来进行选择，最终会表现为某种形式的不和谐，如无奈、厌倦、冷漠、愤怒、想要逃离或为自我背叛和自我牺牲的行为进行反复辩解。作为教练，你应该能够立即感觉到这种不和谐。这种状态有时会是赤裸裸的害怕，有时也会像包装精美的合理化认知。通过第三层次的聆听，你能听到字里行间透出的不和谐，也可能是一种不太对劲的感觉。

被教练者认为这些不和谐的声音可以让他们避开危险境地、关系破裂或其他类似的灾难。这些声音使被教练者不敢去冒险，但从蜕变和自我实现的角度来看，往往太过谨慎。这种不和谐的声音是内在心魔的声音，可能是过去的判断、规则和被限制的信念等。这个声音会说"你还不够努力。""你应该沿着规划好的职业去发展。""你考试就是不行。""你不够聪明，不够有吸引力，不够有钱，不够资格，不够年纪，不够……"或者另一个极端"你太老了，太大胆了，太小题大做了，太年轻了，太直接了，太内向了，太外向了，太……了。"

很多时候，这种声音在背景中静静响起，影响被教练者的选择并说服被教练者去行动或不行动。当人们开始打算改变自己生活的时候，心魔也被唤醒。它绝对会来的，你甚至可以提前警告你的被教练者。

自我实现与教练角色

自我实现听上去像一顿饕餮大餐——充裕、美味、丰盛，但通向自我实现的道路可能是坎坷的、陌生的且令人害怕的。生活中基于价值观的选择并不会总是被社会鼓励和认可。它也不是一种简单的、确定的生活方式，大多数人都不得不接受现状。人们基于他人的期望、最容易的方法、最小的代价做出选择。人们忍耐、妥协和放弃。走上自我实现的道路或坚持在这条道路上都是十分不易的。这也是我们一再强调选择自我实现是一条充满挑战且不同凡响的道路的原因。

尽管生活中挑战不断，尽管周围满是反对的声音，尽管被教练者的心魔如此强大，尽管自我实现的道路看似又黑又暗，但教练的职责是和被教练者一起勇敢面对，支持被教练者追求自我实现的目标。让他们看到生命的完整，鼓励他们实现自我价值而获得没有遗憾的人生。

记住，大议程是被教练者可以做出真正自我实现选择的核心。不管被教练者最终实现了什么样的目标或计划，真正令被教练者和他们的教练欣慰的是：今天的人生要比昨天更有意义。

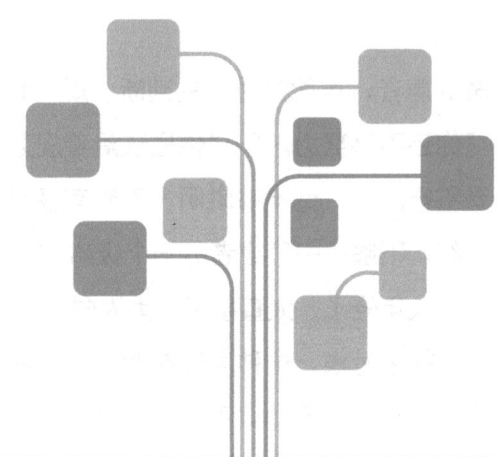

第9章
自觉选择

在共创式模型中，因为自觉选择直接影响人生的质量，所以它是三大核心原则之一。至少，被教练者不停地说他们希望获得更为平衡的生活。自觉选择的议题有两个层次：内在生活品质的平衡和日常生活体验的平衡。

从宏观角度来看，自我实现是指生活有价值、有意义、有活力。自觉选择是不断地做出与追求的愿景相一致的选择并采取行动。当涉及自觉选择时，被教练者想要的是一种掌控生活的能力。他们需要更多的工具来管理他们的日常活动和各种关系，让行动和关系可以齐头并进。被教练者想要多一些动力，少一些面对困境或他人期望的无助感，他们希望选择生活，而不是被生活所选择。

他们并不会要求生活中的每个部分都是同等分量。自觉选择并不是把所有事情都变得一样。自觉选择不应与绝对的平均相混淆。生活的本质不是静态的，人们在动态中不断地平衡。

自觉选择不是放慢脚步，尽管有时需要放慢脚步。自觉选择也不是简化事物，尽管最终人们会找到清晰而明确的选项，根据自我实现做出选择或者拒绝。简而言之，大部分被教练者需要的不是更快或更慢，也不是更少或更多，他们需要的是在通向自我实现愿景道路上自如地行驶。找到如何前进的方式是自觉选择教练的目标。需要注意的是，有些被教练者希望平稳驾驶，有些想要不时地在崎岖道路上飞驰。自觉选择的教练过程可以帮助他们做出选择。

在组织内部，压力来自多个方向：各种优先级、最后期限、兑现承诺，几乎同时发生。自觉选择的对话不会改变任务本身，但是可以帮助人们更从容地做出更加共鸣的选择，而不是出于简单的应激反应。对于管理者来说，自觉选择的工具可以使团队的表现更高效、流畅和可控。

关注每天的平衡

在教练中，被教练者不会把"如何更平衡地生活"当作首要问题，他们关注的是今天或这周摆在眼前的具体问题：最后的期限、升职的机会、令人不快的家庭聚会、信用卡债务或新的恋爱关系。一般他们会关注日常的生活，尤其是那些没有达到期望结果的领域。毕竟，这是他们来找教练的原因——为了得到想要的结果。

被教练者觉得自己遇到了困难，处于人生的十字路口，走进了死胡同，甚至没有任何选择。他们想逃避，感到挫败或者感到焦虑和迷茫。他们也许会感觉无力、失落或陷入无尽的循环中。作为教练你可能渴望帮助被教练者对问题进行分解，跟他们一起找到解决方案，从而可以帮助他们快速摆脱困境或者达到目标。而自觉选择的教练过程开始于被教练者如何看待当下的处境，而不只是着眼于不同的行动方案。被教练者看待问题的角度往往是他们停滞不前或卡住的原因。

自觉选择的教练是为了让被教练者的能量流动起来，通过行动来面对眼前的问题，并最终掌控自己的生活。自觉选择的教练过程开始于被教练者发现限制自己前行的障碍。通过关注这些限制，被教练者会逐渐突破，恢复生活节奏。这也是一个学习和思考的过程。被教练者会越来越快地在其他领域发现这些限制并尝试打破它们。这就是在大议程指导下的自觉选择教练。

作为领导力的组成部分，自觉选择是关于领导者通过选择创造流畅的节奏感的，也是关于领导者的影响力的。领导所做的选择影响团队和组织的平衡状态，在这个过程中，他们如何选择也成了影响文化的表率与楷模，这也是领导力水平的直接体现。

境遇和可能性

被教练者没能得到他们期望结果的原因多种多样，这些原因似乎都合情合理。但如果你仔细听，你会发现这些貌似合情合理的理由都很相似。你会听到难以克服的困难和无法控制的情形，还有严苛的时间表和不合理的期待，还有不愿配合的同事。这些原因听上去不太像抱怨，有时感觉非常正常且可以理解。

对于领导者和管理者来说，这可能是一个精致的陷阱，因为他们与员工身处同一环境。听下属说到那些复杂且棘手的问题时，就很容易频频点头表示认同。实际上，确实有些事情是被教练者或领导者都无法控制的。这是一个事实。但沟通不必走进死胡同，还可以问：

"有什么是你能控制的？还有什么可能的选择？"

在自我实现的过程中，你会聆听生命的鲜活、彰显的价值观及人生的意义和未来的愿景，但也会看到另一面：沉闷、愤怒或偏执。在自觉选择的过程中，你会看到人生充满的可能性、各种各样的行动、自由、创造力，也会看到面对某些情况的无奈、逃避或自我设限。

自觉选择的教练公式

自觉选择教练公式是从被困到可能性，再从可能性到行动的五个步骤：1.不同视角；2.共鸣选择；3.共创式策略；4.承诺；5.行动。

第一步：不同视角

自觉选择教练过程的第一步是识别被教练者当下的视角，然后扩展到其他不同的视角。与一个已经进入死胡同或毫无生气的视角相比，充满可能性的视角更能激发被教练者采取行动。

一般来说，人们倾向于用自己所相信的真相来限制可能性。如果被教练者对某件事感到毫无希望，就很难唤醒蜕变。毕竟，被教练者已经收集了很多证据向你表明当前的状况就是死路一条。被教练者的视角经过长时间的积累沉淀而形成，但它是一个狭窄的视角。被教练者喜欢用惯性思维来面对一些状况，他们倾向使用僵化的思维来应对特定的场景，一遍又一遍地思考，最终用证据判断自己的想法是正确的、显而易见的、难以撼动的。这就是他们的最终宣判。

当我们从某个视角来审视问题时，就会有相应的想法、信念、假设和期望。我们根据这个视角的假设做出预测。例如 "每个人都知道……"或"相信我，事情一直都是这样的"，我们相信自己能够预测结果。因为"事情总是这样"。如果有些信息不在这个视角雷达范围内，则被认为是无效的，会被直接丢弃掉。

自觉选择的教练过程开始于受到限制的视角，然后为之命名并且探索与感受这个视角带来的影响。之后，教练可以与被教练者一起展开思路，寻求更具创造力的、更加灵活的、拥有更多可能性的其他视角。

可以通过简单的提问来获得更多的视角，如问："可以从哪些角度来思考这个问题？"也可以使用头脑风暴找到比喻或图像，从而提供更多创造性的视角。例如，五岁的孩子会怎么看这个问题？这里面的"好消息"是什么？或者选定一个被教练者的价值观："冒险是你的价值观，你如何看待这个华丽的冒险？"

时空转换（地理环境）

想象在屋子中间有一个物体，如一个雕像。想象围绕这个物体慢慢地走，从不同的角度观察这个物体。每个角度都会给你提供关于这个物体的更多信息。教练过程中转换视角就会有这样的效果。教练所关注的视角切换不仅仅是视觉上的切换。每个视角都是一个独立的世界，拥有不同的景色、不同的气候、不同的规则和期望。在某个视角/世界中的合理的事物在另一个视角/世界中不一定正常。

教练与被教练者一起探索某个视角时，需要观察不同的时空（地理环境）。在这个视角里会有独特的语言，有文化规则和一些特殊角色。在这些视角之中某些事情是被允许和被鼓励的，某些事情又是有禁忌或不可能存在的。每个视角会有对应的姿势，这不仅是比喻，有时进入这个视角，身体的姿势会不由自主地表现出来。

考虑这个视角："在森林里漫步可以融入自然中。"感受一下这句话，你可以闻到森林的味道，听到大自然的声音。而且如果你允许你的身体也进入这个视角之中，你的身体的姿势和动作也会配合你的态度和信念。现在，请注意不同视角可能带来的强烈变化。感受另一个视角："在一个危险的、杂乱的、爬满昆虫的、举步维艰的森林里穿行。"感受这段文字的变化。身体的姿势会随着不同的信念和期望而发生变化，甚至气味都会不一样。

这是以两种不同视角感受在森林里穿行。没有对错之分，一定有人会支持某个视角，并不断收集相关证据来证明，并坚持它才是正确的、真实的。

教练的议题是……

步入森林的例子也强调不同视角中主题清晰的重要性。一个确定的、便于识别的主题，就像放在房子中间的雕像一样。主题可能是某个情境、一个必须做出的决定、一个或一组事件，可能是预期的行动或机会，也可能是一段关系或被教练者与某些事物的关系（如债务、癌症或技术问题）。

注意，主题越明确就越容易进入视角。主题应该是中性的，不积极也不消极。如果主题不中立，很可能意味着其中已经有了一个隐含的视角。被教练者对某个主题的本能反应也会揭示他的视角，而且这个视角伴随着情感和判断。

第二步：共鸣选择

尝试不同视角就像在地图上探索富饶的大陆一样，你可以让被教练者站在不同空间感受不同的视角，就像穿上不同风格的服饰一样，感受不同的氛围和语言。最终被教练者需要选定一个视角——可能是你们在过程中找到的，或者是几种视角的组合，甚至可能是通过探索

激发出来的新视角。

在自觉选择公式中，让被教练者有选择权比选定某个视角更为重要。要意识到真正的选择是自主与赋能的选择，这些选择是真实且充满不同可能性的。被教练者不再是被环境控制的受害者。他们是自己改变的触发者，绝对地、毫无妥协地掌控着自己的选择。

被教练者如何做出选择也会给被教练者与教练带来很多觉察。被教练者的选择是当机立断还是一时冲动？是否会做充足的分析或详细的对比？这些都会成为你了解被教练者日常如何处理和做出决策的重要背景信息。

这对于领导者与管理者来说是具有启发性的。通过观察被教练者是如何做出决定的，管理者可以深入了解团队成员的表现及在团队中的角色。这种洞察力还可以让团队更有效地互动，或者发现培训和发展的机会，甚至可以识别潜在的未来领导者。这种洞察力对于领导者来说是无价的。

▢ 第三步：共创式策略

在自觉选择教练过程中，共创式策略是连接意识和行动的桥梁。共创式策略认为关注行动不只是关注行为本身，它还包括激励和支持每个具体行动的心态与情绪状态。

与自觉选择的原则相一致，教练开始扩展可能性，这样行动就会充满活力，且各种可能性生成了多种多样的行动选择。这是一个有意识发散的过程，目的是激发创造力。头脑风暴是一种产生想法和选择的方法，但不管采用何种方法，教练的职责是鼓励被教练者走出熟悉的领域，扩展无限可能性。目的是重新定义"可能性"，让被教练者跨出旧有的边界并且超越"现实"的范围。"现实"在这里可能是一个视角，往往都是带有限制性的信念。

我们把讨论计划与制定策略区分开来。当公式中的这一步是基于可能性的探索而不是基于现实的讨论时，就会带来新的领域，未知的机会。这不是假装现实不存在，而是超越现实的围栏，唤起创造性的愿景。

考虑到可选择的行动项有太多可能性，接下来就是缩小行动项的范围。这是自觉选择教练中的下一个选择点，这个选择点提供了再次确认的机会。再次确认这些行动会给被教练者带来更多的流动和平衡。

值得关注的是有一种被戏称为"过于乐观计划综合征"（Overly Optimistic Planning Syndrome，OOPS）。我们鼓励创造出多种多样的可能性，并且点燃被教练者的动力之火使之付诸行动。这么做的目的是拓展域度，而不是让被教练者感到精疲力竭，所以不断确认和有意识地选择对共创式策略特别重要。我们寻找的是在无限可能和脚踏实地之间的平衡点。

最终，教练的目标是让被教练者针对带到教练中的问题采取行动。把对话推向行动是通过缩小行动列表来实现的。在教练过程中仅对被教练者的议题、处境和视角进行深入、广泛的探索是远远不够的，关键是让被教练者产生在现实世界中能够做到及可以跟进的行动。（教练在线工具箱提供了一系列策略和计划工具，可登录http://www.coactive.com/toolkit获取。）

◰ 第四步：承诺

如何保持改变的动力是教练面对的挑战之一。回到旧有的习惯和模式是很容易的事。一旦被教练者选择走出舒适区，如何维持前进的

动力呢？做出承诺是一个答案。

超越选择

即使用共创式的方式，策略有时也只是一种大脑活动，它强调的是用不同的方式来思考，如何针对不同行动分配资源，计算得失。提出策略可能成为一种机械的智力练习。作为教练，你希望共鸣策略能够植根于被教练者的内心，融入他们的血液，而不是仅存在于他们头脑中。所以，在邀请被教练者实施行动之前，你要确定他们愿意对自己的计划做出承诺。

当人们做出承诺时，他们就会获得神奇的力量和决心。做出承诺远远比做出选择重要得多。人们在吃咸还是吃甜的问题上进行选择，对责任、人生或行动做出承诺。承诺意味着没有后路可退。你画出一条线并要求被教练者跨过这条线走向新的区域，你问被教练者："你会对计划和行动做出承诺吗？你会做这些吗？"即使到这一步，被教练者也可能只是跟随教练的引领，一旦他们意识到自己做出了承诺，他们就会真正经历蜕变。所以你会问："你会对这个计划做出承诺吗？"

这将引发被教练者对利害关系的思考。这不是在讨论这个月减掉五千克或还清信用卡的账务，而是关于被教练者重获对自己生活的掌控权。承诺的力量非常强大，有时教练会让被教练者在地板上画一条真实的或虚拟的线，当他们准备好做出承诺时，深呼吸并跨过这条线。此时，被教练者必须真正准备好了去投入。

接受与拒绝

"接受"与"拒绝"在任何语言里都是最简单的词汇。然而针对问题的不同场景，这两个词也可能成为最难说出口的词汇。当被教练者准备对行为做出承诺时，他们必须对自己的计划说"是"，同时对另一些事说"不"。

在承诺的场景下，这两个词有着更深层次的意义，会一直贯穿被教练者的生活。对于简单行动的认可是对深层渴望的承诺、誓言甚至是对全新生活方式的认可。拒绝一个简单行动，也绝非只是将其从行动列表里删除，同时也拒绝了旧有的信念、期望、自我否定的状态、习惯性的反应和他人的要求。

作为教练，需要聆听"接受"和"拒绝"更深层次的信息。你可以让他们做"接受"和"拒绝"的练习，更清晰地了解他们真正的选择。例如，"在生活中，你要接受什么？拒绝什么？""在你的亲密关系里，什么时候说'是'，什么时候说'不'呢"或者"对于你在组织中的角色，你需要对什么说'是'，又对什么说'不'？"

📋 第五步：行动

行动一般不会在教练过程中发生。为此教练可以松一口气。它缓解了认为教练必须无所不能、表现完美或为被教练者的蜕变负责所带来的压力。被教练者的行动发生在两段教练过程之间，在被教练者的日常生活中。这是行动的强大之处。如果没有行动，自觉选择的教练过程是不完整的，只是一段令人愉快的对话。行动融入被教练者的生活中，并保持被教练者的前进方向和动力。

在下一次的教练对话过程中，你将跟进行动的"结果"，并探索行动有效或无效的部分，以及被教练者从中进行的学习和得到的收获，探索接下来被教练者如何在生活中平衡"现实"和可能性，并有更多选择权。

对于领导者和管理者来说，跟进员工后续行动同样重要，但可以

是非正式的。没有学习收获的行动只是某种"活动"或"忙碌"。学习促进个人的成长,让结果有意义。自觉选择是一种方法也是一个过程,让人们带着更大的生命视角去审视日常的行动。

▶ **对话示例**

管理者(在聆听下属对项目缺乏激情之后):我猜你曾经以为这是一个能让你兴奋的项目。

员 工:可不是吗,我以为是美味的奶油冰激凌。

管理者:不是吗?

员 工:不是,绝对不是。我感觉更像已经放了好久的麦片粥。

管理者:听上去好像这碗不是那么新鲜的麦片粥快把你给淹没了。

员 工:是啊,这让我寸步难行。项目经理根本不重视这个项目,还把一半的人调到别的项目上去了。真没劲。

管理者:你现在是用麦片粥的视角来审视项目。这个视角中的感受怎么样?

员 工:感受?老套的、陈旧的、等级森严的。

管理者:很难从中获得动力?

员 工:确实是这样。

管理者:想从别的角度来审视一下现在的状况吗?

员 工:当然,任何尝试都可能带来进步。

管理者:那么其他不同的视角会是什么样子呢?

员 工:嗯,我感觉是炎炎夏日的假期。放暑假的感觉,没有老师,没有课本。

管理者:很好,这个视角是什么样子的?

员 工:自由。我可以想干什么就干什么。

管理者：好吧，让我们用一种方式来记录我们的过程。画一个圆圈，像切饼一样，把这个圆分成八份。把"麦片粥"放到其中的一角，然后选择一角填上"暑假"。可以吗？

员　工：好的。

管理者：还有其他哪些视角？

员　工：我不确定了。

管理者：你喜欢做什么？

员　工：我家里有一个作坊，可以做一些木工活。这是我的爱好，能让我放松。我喜欢自己慢慢做一些手工。

管理者：听上去对于这个视角你有一个非常清晰的感觉。

员　工：哦，是的。在这个视角里，我几乎能闻到木头的味道。

管理者：我们给它一个什么名字呢？

员　工：就叫它工作坊吧，有创造性、令人满足和有用的。

管理者：还有没有审视当前状况的其他方式？

（被教练者又找出了几个视角，包括一个名为"图书馆"的视角。教练和被教练者逐个探索这些视角的不同特点。）

管理者：看一下我的笔记，我们已经说了六个不同视角，加上麦片粥的那个，已经是七个了。你会选择哪个视角？

员　工：图书馆的这个。

管理者：那么通过图书馆这个视角，你看到了什么？

员　工：我希望项目快速推进，团队成员相互配合富有创造力。但这在短时间内不会发生。然而，这里让我比较感兴趣的是进入相关领域学习。我有时间。我用图书馆来做比喻是因为这是一个安静的场所，专门为学习准备的场所，并且拥有很多资料可以挖掘、探索，在这里没人能打扰我。

管理者：太好了。现在你站在图书馆中看着自己的项目，你能看到哪些选择？你用你的时间会干些什么？

员　工：有一些线上资料我想看一下……我还想买两本书。有个爱尔兰的朋友，我想跟他聊一下。我们前几个月邮件沟通过，他有过相似项目的经历……过几个月会有个大型会议，我可以问问公司是否能让我参加。

管理者：很多选择啊。你觉得哪件事情会有挑战？

员　工：针对项目主题写一篇文章，这个应该有一些挑战。

管理者：什么是你要做的？

员　工：我会管理自己的时间。我会善待每个机会。我会利用这个缓冲期来规划我的职业生涯，向我敬佩的同事学习，增进我的专业技能。

管理者：你会拒绝什么？

员　工：很明显。我拒绝牢骚满腹。更重要的是，我会对那些无助的感觉说"不"。

管理者：你有多想去写那篇文章？

员　工：非常想。这件事肯定很有趣，而且会引出其他的可能性。

管理者：好。在这件事上你能给出承诺吗？

员　工：我可以对一些行动做出承诺。

管理者：我正想说呢，你希望承诺什么？什么会让这个行动更富有挑战？

员　工：先写一个大纲。我需要做一些调研，或者快速浏览一下某些资料，这样我就能够在两周后有个大纲。

管理者：好吧。我有个请求。在咱们下次见面之前把这个大纲通

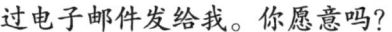

过电子邮件发给我。你愿意吗?

员　工：让我放到我的日程安排里面。嗯，我会给你发邮件的。

寻找平衡

自觉选择教练公式或自觉选择教练过程都是让被教练者参与行动中。就像滑雪者快速从山上滑下、在每个旗门处灵活转弯，人们需要行动，在行动中体会令人享受的极限过程。如果你感觉滑雪和雪山让你紧张，那么可以选择滑冰和跳舞，优雅地跳出平衡的艺术，学习自如地拥抱生命的可能性又不失去控制。

我们不仅仅只是让被教练者去行动。教练也不是简单地为被教练者增加更多行动项。自我实现的教练过程是帮助被教练者找到与被教练者价值观相一致的行动。自觉选择教练的过程会帮助被教练者寻找一种流动的状态，选择人生方向，平衡事情的轻重缓急，或者用不同的视角来看待他们的议题。我们使用"流动"一词不是指光滑不费力的状态。你可以用"驾驭"这个词来替换"流动"，因为教练的目标就是帮助被教练者驾驭他们的生活。在自觉选择教练过程中，被教练者的行动会引导他们驶向他们所选择的人生方向。

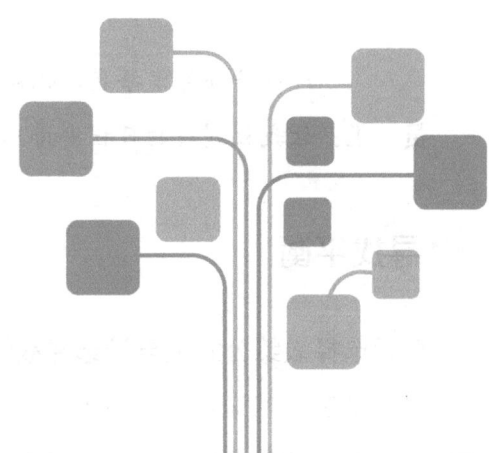

第10章
活在当下

　　一般来说，被教练者接受教练，不是想用不同的方式做事情，就是想做不同的事情。他们希望设定一些目标，并基于这些目标制订计划，产生行动，使用教练中的承担责任来保持行动的动力。被教练者希望在行动中达到目的，而不是一事无成，所以教练很自然地关注事情的推动发展，关注被教练者的愿景以及通向愿景的道路。这会给被教练者带来大步前行的信心和活力。但在共创式教练中还有比完成任务更重要的，教练关注的是被教练者的人生体验，而不只是一连串等待完成的行动。实际上，我们相信被教练者是希望享受这个旅程的，希望细细品味生活中的点滴和每个精彩的片段。

　　一般来说，自我实现和自觉选择的教练过程关注行动推进。教练和被教练者意识到被教练者的外部世界发生的变化，并能观察到结果。教练过程聚焦目标，专注而直接，这是生成与创造的过程。被教练者带着坚定和力量推进行动，勇往直前。

　　活在当下的教练过程则关注被教练者当下的内在体验，它的目标是加强被教练者对当下的感知和表达能力。在活在当下的教练过程中，当下的瞬间被放大了、放慢了，被教练者带着好奇心去探索并欣赏当下发生的情况。有些时候最重要的蜕变发生在内心，而且这些内心的蜕变触发了外在的改变。关注此时此刻让被教练者沉浸于生命之流，时而站立于群山之巅，时而潜入山谷之底。

各种探索和深入的体验都是为了展现更加立体的人生。活在当下让人们的意识延展，全然感受人生的巅峰和低谷。这是活在当下的教练服务过程中的大议程：对每个当下全然地体验和充分地表达。

活在当下的样子

活在当下的教练过程关注被教练者当下的状态。想象人生是一条随着时间流淌的长河。时而平稳，时而湍急，有瀑布、有漩涡，还有暗流和沼泽。活在当下意味着你能意识到此时你在人生河流中的状态：是轻松享受天空和阳光下的仰泳，还是在浪花中翻滚挣扎。

被教练者有自己的计划和梦想，常常不喜欢自己目前的状态。但是你处在急流之中，就只能做在急流中能做的事情。你可能不希望这样，但很遗憾，你只能在这里。你可能正在忙于为未来制订计划，但你也活在当下。此时此刻，你正在人生旅途中。

教练与活在当下

想象一个阳光明媚的下午，一条河流反射着太阳的光芒，波光粼粼，有些耀眼。太阳光的反射可能使你的行动有些慌乱，但是，通过一个偏光太阳镜来观察河流，耀眼的反射可能就不那么明显了，你能够看到水的流动。教练的职责是透过表面看到本质。在活在当下的教练过程中，你会聆听表层之下的声音，感受那些格格不入的骚动、不一致的信息、某种内心的反抗和不安。这可能是暗流涌动的信号。教练的第三层次的聆听可以让你捕捉到这些信息，你的好奇心被激发，而被教练者往往对此没有觉察或者刻意逃避。

活在当下的教练过程

教练的终极目标是支持被教练者创造他们所希望的工作状态和生活状态。从某种意义上来说，教练始终关注如何走向理想中的未来。然而当前和未来之间的最短路径不一定总是直的，有时就是一条曲线，一个U形的过程（见图10-1）。有时候，想要前进就需要先向下深入体验。或者，向上深入体验，如倒过来的U形。

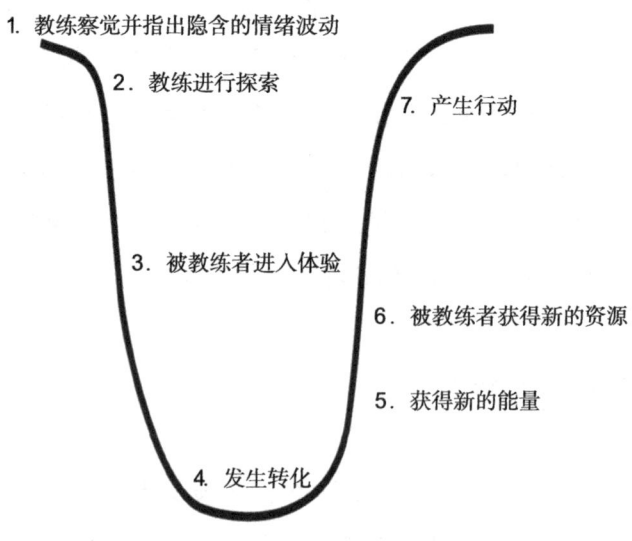

1. 教练察觉并指出隐含的情绪波动
2. 教练进行探索
3. 被教练者进入体验
4. 发生转化
5. 获得新的能量
6. 被教练者获得新的资源
7. 产生行动

图10-1 活在当下的路线

活在当下的具体过程分为七个步骤：①教练察觉并指出隐含的情绪波动；②教练进行探索；③被教练者进入体验；④发生转化；⑤获得新的能量；⑥被教练者获得新的资源；⑦产生行动。

🗂 1. 教练察觉并指出隐含的情绪波动

教练通过第三层次的聆听，在对话过程中有时会感觉到一些莫名的、无以言表的东西，一种被阻塞、被抑制、被困住的感觉。活在当下的教练通过教练的能力来感知这些情绪暗流，这是教练对话中重要的一部分，揭示了被教练者看重什么。情绪能量会一闪而过，有时不明显，有时又非常醒目。

例如，被教练者描述部门政策的变化，你能听出来他在强忍怒火，好像一条火龙被不公平的政策激怒了。这时，你变得好奇。很明显背后有些比政策本身更重要的东西对被教练者造成了影响。这也可能以相反的形式表现：你期待被教练者为刚刚获得的成功兴奋，但是被教练者的声音异常平淡。这也是一个好奇的机会。

当教练听出被卡住的情绪和能量时，应说出当时的感受并为感受命名，同时邀请被教练者关注它。在前面的例子中，教练应该分享自己的观察并不带任何的判断或观点。可能只是简单地说："听上去在如何被对待的背后有对你特别重要的东西。"在教练和被教练者信任关系已经建立后，教练也可以更具体地说："这不是你所期望的结果，听上去你很失望。"

教练要求被教练者观察事实或数据背后的内容，问被教练者："为什么会这么做？"最有力且最有效的教练是关注对被教练者最重要的地方。

当教练指出未表达的能量或情绪时，也给被教练者提供了机会了解什么对自己是重要的。被教练者不一定做好了深入探索的准备，他们一般会控制自己的情绪。通过邀请被教练者针对某个话题进行能量和情绪的探索，让被教练者意识到这个话题对他们生活的影响。

被教练者并不是唯一不想深入的人，教练可能也是。自我实现通过愿景和价值观来探索有意义的选择，自觉选择有行动和计划，而活在当下就像没有带地图和指南针就进入一块未知的广阔领地一样。这个过程可能会变得情绪化和混乱。自觉选择依赖于承诺，活在当下基于信任。实际上，不仅活在当下的教练过程依赖于信任，这个过程本身也建立信任。作为教练我们要求被教练者开放、有意愿去探索，并相信这个过程。对于教练也一样。

对于管理者和领导来说，这可能是一个比较敏感的话题。在工作中的情绪通常被认为是有问题的，需要特别小心地避免或处理。我们希望所有与员工的互动都是条理清晰、容易管理的，并且教练过程结束之后就会轻松地产生行动和有价值的学习。但有时处理情绪问题是当下最重要的，因为它实实在在地发生着。毕竟，只要一个人活着，就会有感受与情绪。想象一个如"真空"的工作场所，完全没有情绪与情感，这是你想要的吗？活在当下的教练服务就是给领导者与管理者在这样场景下提供可以支持团队成员的工具。

善于驾驭情绪波动的管理者会创造出一个安全的环境，能够让员工真实地做自己，并全然地投入。这种文化有足够的强度与域度来包容人生的高潮与低谷。员工会感受到自己是一个真正的人，而不是完成功能的机器。

2. 教练进行探索

一旦你听出情绪的波动并为它命名后，下一步就是探索它，但你应该先征求被教练者的许可。这是很重要的，在持续的教练关系中，一名有经验的教练会感觉有很大的自由度来引领被教练者进入任何对他们有益的领域探索，因为被教练者已经给了你足够的授权，并愿意跟随你的引领。对于另一些被教练者，特别是刚刚开始教练关系的被教练者，需要征求客户的许可来创建一个更安全、更有勇气的环境来深入探索。

对于管理者来说，征求员工的许可更为重要，这会使对方感受到责任和被尊重。人们表现出情绪时常常感到不安和脆弱。留意到比话题本身更重要的事情正在发生，然后问一下员工，是否愿意聊一聊。这时你们之间是共创式的平等关系，答案由员工来决定。"可以"或"现在不想"都是合理的回应。

活在当下的教练服务目标是关注当前的真实状态。探索当前场景的一个有效切入点是关注一些直接的表现：呼吸变化、情绪紧张、眉头皱起、喉咙紧缩及心跳加速。人们的身体很诚实，它是表现被教练者内心感受的丰富信息源。

使用比喻和描述图像是另一个有效切入点。与文字相比，有时图像更能描述当前的感受：感觉像小小的球……感觉像充满气的氢气球……感觉像走过齐腰深的沼泽……感觉像绕着一个小圈子不停地飞呀飞……

3. 被教练者进入体验

被教练者进入体验这一步的关键是让被教练者真实地感受或体验情绪。被教练者需要觉察这种感受并为情绪命名，即使是简单的几个词。因为仅谈论而没有体验是不能产生蜕变的。作为教练，你应该可以区分谈论失望与表达失望带来的感受和体验的不同之处。分析让被

教练者失望的原因是一个良好开端，但这背后有比原因更为重要的深入学习的机会。

4. 发生转化

发生转化是能感受到的、能量变化的时刻。当人们更深入地体验能量和情绪后，转化就会发生。作为教练你会感觉空气变得不一样了，被教练者的语调发生了变化，光线甚至重心都有不同，很难找到合适的词语来描述，但会感到有一种新的力量。被教练者不再深潜，开始浮出水面。

虽然我们用一个完美的U形曲线来呈现活在当下的教练过程，但是按照这个完美曲线进行教练服务几乎是个奇迹。很多时候，如果画一条实际发生的曲线，则会发现教练过程是逐渐深入的，会出现停滞甚至反弹、再深入、再停滞等往复的过程。活在当下的教练过程没有完美的模板，因为教练会不断地与当下的发生情况共舞。但通过第三层次的聆听，教练总能在某个时刻感觉到被教练者已经到达了U形曲线的另一边了。

5. 获得新的能量

转化一般都伴随着能量的打开、释放或扩展。情绪中有强大的能量。如果受到压抑，则能量会在内在聚积、发酵，不再流动。活在当下的教练过程释放了被压抑的能量，并且使这个能量再次为被教练者所用。被释放的能量会重新流动。这种流动的感受会清晰地区别于自我实现和自觉选择，因为它关注被教练者内在更深层的情绪能量。通过这种方式，情绪变成了"流动的能量"，即被教练者的"E-motion"。活在当下是关于真实的，很多时候情绪可以反映被教练者最真实的状态，并且成为前进的动力。

6. 被教练者获得新的资源

管理、控制和压抑情绪需要很大的努力，会消耗人们内在的能量。一旦转化发生，被教练者会发现自己到了一个全新而丰富的空间，这里能够获得更多的内在资源和力量。这些给人们赋能的内在资源一直都存在，这不是新的能量，它来自能量的释放。被教练者会变得越来越有活力，为了他们的生命去完成一个又一个的任务和挑战。

7. 产生行动

在产生行动这一步骤中，教练和被教练者会感到有一种前进的力量，从而进入一个新的阶段。周围的气氛发生了变化。被教练者会充满信心，感觉到周围的一切变得新奇、多彩和明亮。他们也可能感受到温暖或顺畅，或者更放松、更平和、更有力量，或者感到有更少的阻碍、更少的抵触。接下来，可以让被教练者将这种全新的感觉与他们的自我意识和对事情的觉察相联系。

活在当下的教练的结果是有新的学习收获和不同的内在感受。我们说过，教练是关于不断成长和行动的过程，有时这个过程是从体验开始的，而不是跳过它。重要的是，支持蜕变发生的信息会在对情绪的探索过程中展现在被教练者和教练面前。最终的结果是被教练者拥有更赋能的行动与更灵活的思路。

拥抱"正向"感受

以上七个步骤也适用那些不愿意深入体验"正向"情绪的被教练者。他们会急于进入下一个阶段、下一个项目或者下一个挑战，从而忽略了对成功的庆祝，也失去了自我发现和沉淀成功经验的机会。

人们一直被告知应该保持谦虚的态度，不应该过多地关注自己，这样可以避免自夸，但这也让人们错过了认可自己和总结学习的机会。有些被教练者害怕自己被喜悦冲昏头脑，或者他们认为不应该表现出喜悦之情，这样会让人觉得不够庄重。

作为教练，你的职责是聆听被教练者是否在逃避体验，并感受他们的"生命交响曲"。当被教练者忽略了"低音"或"高音"的时候，他们将失去对生命乐章中精彩旋律的体验，最终将剩下为数不多的音符，只能演奏出单调的生命乐章。

感受是信息，而不是症状

承认感受和情绪的存在是活在当下的教练的内在特性。当被教练者敞开心扉谈论某个对他们异常重要的问题时，情绪和感受的表达会自然地流动出来。有时教练会感到震惊或迷惑，他们认为如果被教练者的回应带有强烈的情绪和感受，教练将转变成心理治疗的过程。

但情绪问题不需要治疗。情绪就是情绪，某个人因受到不公正的待遇而激动和愤怒，这不能说明他的心智已经不稳定了。他们是人，有人类的反应，这很正常。

教练应该允许或鼓励情绪的表达，如伤心、痛苦、生气或失去。情绪是一种正当的表现形式，和文字、音乐、舞蹈一样。不要对情绪过分敏感，不要试图去探究被教练者受伤或生气的原因，这是人们经常会有的反应。情绪产生的原因不重要，重要的是你要接受这种感受和情绪。还有另一种常见的反应，教练不应该试图治愈或阻止这种情绪，只需要探索和认可它："这种感觉真强烈，我能感受到你一定很痛苦。"

　　产生情绪是人类正常功能的一部分，不是疾病的症状。完整、健康且思路开阔的被教练者有对自己情绪全然开放的能力，而隐藏、逃避、掩盖会让被教练者陷入误区。感受是人们表达自己的一种方式。这个过程有净化的功能。如果阻止这种情绪的释放或表达，把它封闭在内心中，人们就失去了成长的机会。如果长期压抑自己的情绪，会导致出现生理和心理的疾病。

　　作为教练请留意自己想让情绪消失的倾向，可能是因为想让被教练者感觉好一些，也可能因为面对这些情绪自己感觉不太舒服。记住，被教练者是富有创造力的，充满无限可能性的，并且是完整的，他们不需要被拯救。你的责任是全然在当下，给予他们支持和陪伴。

　　因为教练的鼓励，甚至挑战，情绪会在活在当下的教练中呈现出来，进而让被教练者进入深度甚至是困难的体验中去发现什么对他们是重要的。人们不会对不在意的事情产生情绪。被教练者深入探索时，会发现更加真实的自己，思路变得更为开阔，并且能够在情绪波动中释放更多能量。之所以提及"E-motion"是因为情绪可以驱动人们不断成长。如果没有被教练者对于这个维度的探索，教练过程就会缺乏广度和深度。

　　即使活在当下的教练可能充斥着强烈的情绪，也应该给幽默留一些空间。用幽默的方式探索一些内心的禁区能够使被教练者有信心探索黑暗的区域，或者让他们好奇于幽暗水池的深度而不是害怕被淹死。

　　教练是关于改变的，而改变本身就是有挑战的。不管是多么闪耀的自我实现愿景，或者多么平衡丰富人生的自觉选择，改变关注新的行为与学习收获，在这个改变过程中，被教练者会更脆弱。因为涉及情绪，这种脆弱在活在当下的教练中尤其明显。勇于冒险的结果是，

你从脆弱之中建立了更多的信任。从而教练与被教练者之间会建立更紧密和有效的关系，最终更好地服务于被教练者。对于领导者和管理者来说，建立信任意味着在团队中建立更为有效的关系、更紧密和更具弹性的团队文化。

▶ 对话示例

被教练者： 看样子我又得把我尘封已久的简历拿出来了。

教　　练： 海外那个职位有消息了吗？

被教练者： 有一些消息，但不是我想听到的消息。所以我不得不又开始重新找了。

教　　练： 为应聘那个职位你花了很大的力气。我还记得你上次面试之后激动的心情，但听上去你现在似乎感觉不太重要而要放弃了。哪个是真实的呢？

被教练者： 我现在的工作还算体面，海外那个工作对我来说有些风险，会改变很多事情。

教　　练： 担心风险也不能让你有这么大的变化啊。

被教练者： 我知道，确实不仅是风险。说实话，我很失望。

教　　练： 不是一点点失望吧。我都能听出来。

被教练者： 是的，非常失望。

教　　练： 我能感受到它对你的影响。

被教练者： 这事我都不想细说。

教　　练： 我能理解，但是看上去它影响了你的生活。

被教练者： 唉，这是事实。我都记不起上次如此不开心是什么时候了，和应聘不成功没什么关系。可能是我太想离开这个国家了。

教　　练： 你感觉到了什么？我感觉到了一些悲伤，你的感受是什么？

被教练者：就像被人一拳打到胃上，我感到无法呼吸，甚至站都
站不直。

教 练：什么使你痛苦？

被教练者：失败、等待和浪费感情。

教 练：现在我们是否可以挖掘一下这些感受？我觉得我们应
该认真面对而不应该跳过。

被教练者：当然，我希望能够摆脱这些情绪，然后轻装前行。

教 练：你被打了一拳的地方，现在感觉怎么样？

被教练者：黑的，凹进去了，感觉像一个山洞。

教 练：你在这个山洞里吗？

被教练者：是的。

教 练：现在你能感觉到什么？

被教练者：我坐在那里，手托着脑袋。

教 练：情绪怎样？

被教练者：悲伤地坐着。我感觉被打败了，完败。

教 练：好，我现在需要你做的是把声音调大一些，就一点。
如果原来是五的话，现在调到六。

被教练者：是悲伤吗？

教 练：是的，内心被击败的感受。我在这里听着。

被教练者：好的，我现在的音量是六了。

教 练：你发现了什么？

被教练者：一种失败的感觉。像一大波的失败，冲垮了一切。

教 练：一大波的失败？你是否在安全的位置？

被教练者：是的。

教　　练： 要是可以的话，尝试把声音调到七。

被教练者： 现在我真正感受到了失败，梦破碎了。就像我用最后的机会创造的某个事物突然消失不见了。

教　　练： 这个对你很重要。

被教练者： 非常重要。

教　　练： 对你有什么启发？

被教练者： 我发现可以把声音调小一些了。

教　　练： 你想现在就做吗？

被教练者： 是的。

教　　练： 现在有什么感觉？

被教练者： 我感觉我肩膀上的担子轻了许多。

教　　练： 你现在在什么地方？还在山洞里吗？

被教练者： 不，我现在坐在码头，看着远处的大海。

教　　练： 你从中学到了什么？

被教练者： 学到一些事情。第一，我一开始没有意识到这个职位对我的重要程度。还有，落选让我如此难受，特别是在我自认为完全可以胜任的情况下。第二，我意识到我可以掌控我的命运和感受，就像我可以感受挫败一样。我也能选择一些好的感受。

教　　练： 还有什么？

被教练者： 我的简历，我还想在上面花一些时间。而且我想再去找一些海外工作机会并做一些调研。

教　　练： 很好。这周之内，创建一个有最后期限的计划并且给我发一份。好吗？

被教练者： 好。

教　　练：我还有个要求——做一个思考题。需要你花一些时间思考
　　　　　这个问题："我从失败之中学到了什么？"你会做吗？

被教练者：不是开玩笑吧。

教　　练：实际上，没有开玩笑。关于找工作，我相信你知道应
　　　　　该做些什么——写简历，参加面试，做需要做的一切。
　　　　　对你来说，难得的是如何面对失败。一点挫败就可以
　　　　　使你失去平衡。如果你有更多的能力来面对失败，这
　　　　　会给你带来什么？

被教练者：我想是自由。它会把面对失败转变成学习的过程而不
　　　　　是自我评判。不过我不需要对此表示快乐吧？

教　　练：你有选择，一分钟前你不是说过吗？这肯定不会是你
　　　　　最后一次面对失败。如果你现在可以面对，就可以在
　　　　　这方面增加一些经验来面对未来相似的状况。

被教练者：像一个情绪健身中心。

教　　练：有点像。宇宙给你提供了健身的场所，所以咱们要很
　　　　　好地利用它。

活在当下与承担责任

共创式模型非常清晰：教练带着若干能够深化学习和推进行动的
要素进入教练关系。承担责任在活在当下的教练中的重要性与它在自
我实现、自觉选择的教练中是同等的。没有承担责任，即使用尽教练
技巧，教练也会无足轻重。教练的行动发生在被教练者的生活之中。

活在当下的教练所产生的行动会支持被教练者在教练中的发现。
例如，在过程中发现被教练者会因为拒绝别人的要求而感到内疚和失

望。在这个例子中，被教练者为了不让别人失望而付出了很大的代价。承担责任是使被教练者冒着让别人失望的风险，在接下来的一周内拒绝他人五次，并观察会有什么会发生。也可能是使被教练者记录融入自己生活之中的某种习惯或实践，如每天记录拒绝别人的次数及带来的影响。

陪　伴

　　陪伴是一个用来表达"伴随"的词汇，这个词经常在活在当下的教练中出现。例如，可以说："失望的情绪正伴随着他。"也可以说："教练陪伴着被教练者和他失望的情绪，就像拜访在医院住院的朋友一样。"你的目标是陪伴他。除了待在那里，其他什么都不需要做。但待在那里不仅仅是简单地出现，陪伴意味着用心投入、开放甚至互动，但除单纯地与他在一起体验外，没有其他目标。陪伴创造出一个强有力的第三层次的聆听的环境—— 一个深度的共同体验。当你与被教练者达到这一层次时，他们不仅会非常自然地跟你分享他们的想法和判断，而且还会真实表达他们的情绪。

禁　区

　　活在当下的教练经常出现在当被教练者不想进入让他们感到不舒适的区域的时候。作为教练，你的好奇心被激发：被教练者不愿意探索的区域是哪里？被教练者不愿面对的是什么？你会听到很多借口："我不想看到更多的混乱和指责。""我不想担心钱的问题。""我忍受不了我上一份工作中失败的后果。""我忍受不了这个人带给我

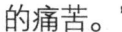

的痛苦。"

因为被教练者的生活把他们引向他们不愿意去到的方向，所以他们感到难受，甚至痛苦。在这种状态下，被教练者一般会采取不同的形式逃避这些区域。渐渐地，他们的生活中充满了逃避。他们不知道失去这些区域对他们的生活意味着什么。为了说明这一点，可以画一个大圈来代表被教练者全部的生活（见图 10-2），问被教练者："你难以忍受或者不愿面对的是什么？"然后在圈中标出被教练者不愿意进入的区域。可以用不同颜色表示，并给出相应名字：这是被教练者不愿意面对的愤怒……失望……承担风险。当每个部分被填满颜色时，就会发现被教练者剩下的生活空间不多了，以至于难以在"禁区"的空隙中穿行。

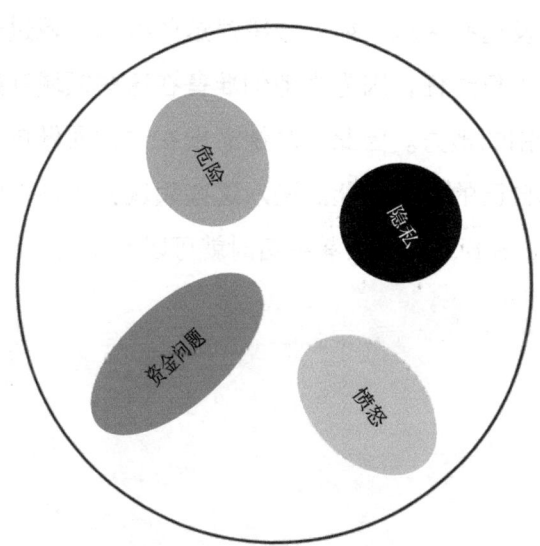

图10-2　思路的重新导向

活在当下的教练帮助被教练者发展面对逃避或抵抗的能力。作为教练，很大一部分工作是帮助被教练者找到什么是真实的和重要的，然后让被教练者能够做出更好的选择。教练也可以把自己的职

责描述为帮助被教练者停止回避、假装或否认行为。在这个赋能的空间，被教练者将在生活和工作中做出更好的决定，建立更好的人际关系。

在哪里止步呢

在离开"探索让人不舒适的空间"这个主题之前，要问一个尖锐的问题："我生活中有哪些不愿意提及或探索的区域？"这个问题的答案非常重要，因为这可能是教练不愿意与被教练者一起探索的领域。教练可能止步于这些领域不再深入。例如，教练不习惯面对金钱、愤怒或拒绝，则会在教练过程中回避这些问题。但被教练者可能愿意或需要触及这些区域。如果教练对这些限制区域过于敏感，则是对被教练者的不负责任，因为当他们准备在这些领域开始探索时，你却把他们带到别的地方。因此，教练必须在这方面做自我探索，理想的情况是跟你自己的教练一起。进入这些领域并逐渐把它融入自己的生活中，这样，在日后服务被教练者时就可以涉及这些部分了。

第 *4* 篇

整合与愿景

典型的教练对话，是一个能量起伏流动的过程。首先对话是扩展性的，就像打开一扇门并探索各种可能性，能量逐渐聚集。然后在某个时刻，对话开始深入下潜，就像翻过一座小山，带着聚集的势能，最终流向终点。教练能感受到过程中能量的汇聚，语速在变化，对话更有方向感，最终走向终点：被教练者的选择、决定和承诺。

在教练过程中，"终点线"不标志着结束。旅程还在继续，这是新行动的起点。放眼远眺，生命之路一望无际，一直延伸到地平线的尽头。

随着本书内容的结束，一种相似的能量流正推动着我们。我们已经讨论了模型、要素及原则，针对专业教练及非职业教练的领导者和管理者，我们练习了共创式教练技巧，并提供了针对专业教练及领导者/管理者的典型教练对话示例。在最后的两章中，我们将整合前面的内容，并展望未来的愿景和可能性。

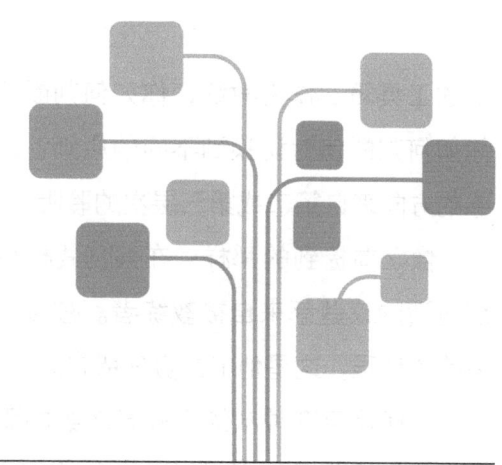

第11章
融会贯通

到现在为止，我们已经介绍了作为不同教练方向的三个核心原则。因为在书中是分别叙述的，你可能认为一个教练过程从第一个问题到最后的行动需要始终跟随着某个原则。实际上，在一次教练对话中，教练会将所有原则的要素结合在一起使用：自我实现、自觉选择和活在当下。

整合原则

自我实现、自觉选择和活在当下这三个原则就像三组不同的工具。当教练和被教练者一起探索价值观、未来的愿景或面对阻碍被教练者实现梦想的心魔时，教练会从自我实现的工具箱中选择一些工具。教练在帮助被教练者从不同视角来审视某个问题时，或者考虑计划和行动选项时，选择的工具来自自觉选择。针对当下状态，教练营造安全的环境帮助被教练者探索更深层次的信息时，工具来自活在当

下的工具箱。作为教练，你如何判断用什么样的工具开始教练过程？你如何判断何时切换到不同的原则？对于这些问题的简单回答是"教练的方向来自第二或第三层次的聆听"。

像之前提到的那样，在共创式模型中，教练的目标和关注点及教练对话的议题都来自被教练者。被教练者决定教练关系的变化和每次教练的议程，这是他们的责任所在。

选择使用哪种教练方式是教练的职责。实际过程中被教练者依赖教练，并跟随教练所引导的方向前进。基于被教练者在教练过程中最初的陈述，教练会选择一个方向。在共创式聆听模型中，当教练专注于被教练者，并感受双方的连接时，教练在聆听的第二层次。教练也会注意到被教练者语气语调的变化、节奏的变化或呼吸的变化，以及这些变化对氛围的影响，甚至会不断感受关系的变化：被教练者是越来越近，还是越来越远？是准备逃避，还是开始防御？这时教练处于第三层次的聆听状态。

对于教练来说，教练对话的下一步走向哪里的提示就在当下，在第二层次和第三层次的聆听里。所以聆听对教练至关重要。通过聆听和感受能量的走向，教练的下一个问题和需要使用的技巧便呼之欲出。

教练绝对是一门需要全神贯注并与当下共舞的艺术。而不是一学就会的技术，不是"当被教练者说'A'，教练就可以问'B'"那么简单。作为教练，你也不可能关注将要使用的工具，思考现在使用的是哪个原则，正在使用模型中的哪个要素，或者从词汇表中选择使用哪个技巧。如果是这样，你的聆听处于第一层次，你将与被教练者断开连接。这种情况在最好的教练身上也会时不时地发生，重要的是发现之后教练需要恢复并重新与被教练者建立连接。

需要注意的是，共创式教练强调与被教练者重新连接，而不是与被教练者的问题重新连接。在教练的过程中，教练的主要责任在于帮助被教练者找到最合适的，并且支持他们实现愿景的行动，并在这个过程中不断学习成长。随着教练过程的推进，被教练者会变得越来越有资源，找到自己的答案而不是依赖于教练。作为教练，总是不断地赋能被教练者，使之能够独立面对挑战。

基于快速识别并解决问题的思维方式已经根植于人们的文化之中。是的，有时问题需要得到快速解决，但在教练中，人们从更长远的角度来审视被教练者和他们的生活。在共创式模型中，教练把握被教练者的大议程——共鸣而充实的生活，一种充满了选择和使命感，一种可以充分体验和真实表达的生活。教练帮助被教练者从人生的全景审视自己带入教练的议题。

作为教练，试图理解被教练者问题的所有信息是非常危险的，我们似乎认为这样可以更好地帮助被教练者。大多数情况下，我们高估了自己对信息的需求。毕竟，被教练者是自己生活和工作问题的专家，教练是帮助被教练者找到下一组行动和获得学习成长的专家。

到现在，教练应该知道，被教练者没有肤浅的议题，只有肤浅的教练过程。在具体问题的表层之下总有些重要的东西，否则就不值得被教练者或教练投入时间。教练的职责是看到这个议题对被教练者生活的影响和重要性是什么。

被教练者的每个议题都有可能让他们拥有更加自我实现、自觉选择和活在当下的状态。被教练者带入教练过程的议题，只是大拼图上的一小片而已。每个议题都应该被重视——不是为了让这个问题消失，而是抓住一个向着更大目标前进的机会。最终，这才是教练真正的影响力：不是针对某个孤立问题的解答，而是为被教练者赋能，让他们变得更有资源，让他们的人生更鲜活、更有意义。

你可能会说，这种想解决问题并给出建议的冲动是领导者和管理者们的习惯。这确实是过去对这些角色的定义与期望。而"教练方式"是一种新的、不熟悉甚至是不舒适的领域。这个过程可能不是很清晰，但绝对不是给出"正确"答案那么简单。目标和结果也有点难以捉摸，如"有什么好聊的？这明明是一个钉子嘛，我手里有锤子啊，我也知道怎么用它。"而我们需要强调的是，使用教练的方式是为了团队和组织的利益，要给未来的"木匠"更多的发展机会和空间。

这种方式为管理者和下属之间的对话提供了更广阔的视角。不是从微观关注于短期效应，而是从三个核心原则中选择有广度和深度的组合，让员工的工作与生活变得更有意义和价值：活出充满行动、平衡感的状态，并活在当下。

▶ **对话示例**

整合三个原则的教练过程

被教练者：接着上次的话题，我还在思考着并购上次谈到的那家公司。

教　　练：你一直在收集信息与数据……

被教练者：而且我又和那个经纪人聊了一次。

教　　练：在你看来，这次潜在的收购，目前的状态如何？宏观的画面是什么样的？（愿景：自我实现。）

被教练者：宏观来讲，比较有风险。

教　　练：我注意到之前的"风险"并没能让你停下脚步。实际上冒险是你的价值观。当前的这个风险和之前的风险有什么不同之处？（价值观：自我实现。）

被教练者：有点复杂。

教　　练：我们来分解一下这个问题。首先，我相信你有办法在资金上解决收购这件事。

被教练者：我正在和合作伙伴还有财务人员研究收购的事，简单来讲，已经开始分析了。下周我们会获得更全面的信息。

教　　练：这样的话，财务方面还有一些风险。这是否就是你说的有风险的原因呢？

被教练者：不完全是。我非常熟悉这些财务报表，并且我可以依据这些数字做出可靠的判断。

教　　练：那风险在哪里呢？

被教练者：你记得我们谈过今年的宏观安排吗？放慢发展速度。

教　　练："离开高速公路"，我想你是这么说的。

被教练者：如果我打算把这个公司买下来，就不是"离开高速公路"，而是"开上了快车道"。

教　　练：现在你的声音有些变化。发生了什么？（当前场景：活在当下。）

被教练者：我能感到越来越大的压力。

教　　练：是什么样的感觉？（陪伴：活在当下。）

被教练者：一种可怕的感觉。

教　　练：你感觉可怕时，脑中会闪现什么样的图像？

被教练者：我感到肩膀上的担子非常沉重，就像扛了很多东西。

教　　练：这是从"开上了快车道"的视角看你现在的这个决定。如果是从"离开高速公路"这个视角来思考这次的收购，你会有什么不同的感受？（不同视角：自觉选择。）

被教练者：这个好像不太容易。

教　练：尝试一下？

被教练者：当然。

（教练与被教练者一起探索当前和其他视角。）

教　练：你从今天的教练过程中收获了什么？

被教练者：两方面。一方面是我能处理那些财务分析结果，另一方面是财务分析结果只是部分影响我的决策。真正重要的是，这个决定会如何影响我的生活。我看到自己对完成这个收购意向有些上瘾，如果继续走下去，从长远角度来说，我可能失去真正重要的东西。

教　练：为了更好地思考这个问题，我给你准备了一份作业。准备好了吗？

被教练者：是的。

教　练：从这次潜在的收购中，你最期望获得什么？（大议程：自我实现。）

被教练者：不错，我接受这个作业。

戴上不同帽子

教练自身的某些经验和专长对被教练者有价值怎么办？教练对被教练者保留一些能够避免被教练者犯错的信息或经验，这看起来有些不公平，甚至不专业。而且这些经验或许能够缩短被教练者的学习过程。这种情况下，关键是要从下面几个层面去清晰。

第一，要问自己，你拥有的信息是否真正与被教练者相关并且符合被教练者现在的情况。被教练者到底会从你的信息中获得什么？

第二，清晰地让自己和被教练者知道，你当前没有戴着教练的帽子，你的角色是一个在相关领域有经验和专长的人士。

第三，确认被教练者需要这些信息。即使你认为会得到肯定回答，还是要征得被教练者许可。为了保证教练关系的精髓贯穿始终，在给出建议之前一定要征得被教练者同意，并且做好被教练者不接受你的建议而自己寻找答案的准备。

第四，一定要确认你提供的信息只是一个视角。当你觉得你拥有正确的答案或正确的思路时，你会把你的想法强加于被教练者的行动之中。一定要确认你给出的建议不带有感情色彩。

另一个需要清晰明确的是什么时候与被教练者建立同盟关系。在很多情况下，被教练者会选择特定的教练是因为教练具有相关领域的经验。他们相信选择的教练可以理解他们的世界，知道在那个世界如何获得成功。这种情况下，非常有必要和被教练者说明教练的角色与咨询或指导角色的区别，调整被教练者的期待。被教练者和教练在教练过程中应该根据需要不断地回顾和调整同盟关系。

要注意，有时相比管理者想要给出答案，员工更想从管理者那里获得答案。因为当领导者做出决定时对他们更为安全。"按照领导吩咐的去做"没有风险，但也没有学习成长的机会。而正是学习才会给团队和组织带来最大的利益。这就是为什么关注对话的本质是重要的。当然，有些时候需要一个直接的、简单的回答或建议，但一定要注意这是有意识的选择还是无意识的反应模式。

教练、咨询和指导之间的区别

教练、咨询和指导服务是有重叠的。这三种方式都是为了在工作关系之中提高绩效而设计的。许多相同的技巧也同时适用这三种方

式。实际上，尽管我们可以从不同的角度来定义这三种方式，但仍然有未尽的讨论空间。在此我们的目的是从过程和关系的角度来进行对比和思考。

咨 询

咨询关注于获得特定的结果。顾问提供分析和给出流程建议。顾问在特定领域提供经验、培训和专业知识，以满足达到目标和结果的需要。一旦既定目标实现了，关系就终止了。这些关系往往是在特定时间范围内正式签订合同的。正因为这种专业性和契约性，我们倾向称之为咨询师（顾问）和被教练者，而不是教练和被教练者。在关系之中，咨询顾问是有专业权威的。

教 练

当然，在教练关系中，也会关注结果。被教练者对结果的承担责任是教练的关键。这种关系的重点关注是被教练者。被教练者带来的具体问题成为他们自我提升、发展和做出更有效的决策的机会。注意，现在描述的是共创式教练关系。也有其他教练的形式，如在一些组织之中，可以听到管理者对员工说："我需要教练你一下。"在这种情况下，预期的结果是行为纠正，而不是个人提高和发展。

在教练关系中，教练不一定需要有被教练者相关专业领域的经验。教练带给关系的是教练专业技能，而不是专业领域的知识。实际上，缺乏对议题的专业领域经验反而有利于发展教练和被教练者之间的关系，因为这样的话教练就不太容易被内容的细节所吸引，而错过支持对方发展的机会。

正如我们在整本书中所描述的，教练既可以发生在正式的教练关系中，也可以发生在领导者、管理者和员工、团队之间的非正式教练

关系中。正是这种非正式的教练关系形成了教练和指导之间的灰色地带。

指　导

指导（导师）更重视个人的发展，而不是解决问题或实现目标。教练和指导的主要区别在于专业水平与资历上。导师的角色起到教授和榜样的作用，所以段位也会不一样。一般被指导人会寻求导师的智慧与指引。两个人通常在同一个专业领域、一个公司甚至也拥有相似的职业发展轨迹。对于被指导人来说，职业发展是潜在的目的。

在描述共创式模型的第2章中介绍了教练和被教练者双方同时赋能于教练关系。这两个角色是因被教练者利益而形成的伙伴关系，导师式关系中，被指导者视导师为权威，这种连接关系一般是私人的。

导师式关系也可能是正式或非正式的。有些公司非常重视发展导师式关系，并且有着非常清晰的规章制度，有时还可能有时间的约定。也有非正式的导师式关系，双方的这种关系可能会维持很久。

三种方式中的共创式关系

具体的形式、目的（是否关注能力提高）及过程可能不尽相同，但是共创式关系的本质是可以应用到这三种情况之中的。在不同的形式之下是对聆听、关心和协作的共同承诺。平等的意图与明确的期望会支持这种关系。不管是否正式确认过，在咨询、教练、指导（师徒）的关系之中都会存在一个隐含的同盟关系。无论是身处三种关系中的哪一种，当领导者对更深层次的对话开放时，他们就会根据对方当下的需要回应对方，并与之共舞。

心理治疗与教练

教练过程绝对有疗愈的效果，但这不是心理治疗。如果教练假设

情绪是心理治疗的范畴，并对教练与心理治疗之间的区别感到迷惑。他们会认为有必要绕开情绪，认为理性的逻辑判断更为安全。实际上，我们已经在活在当下的教练中看到，情绪是人类生命体验中不可分割的一部分。

如果对情绪不做这样的假设，那么心理治疗和教练有很多重合的地方，尤其是后现代的一些心理治疗方法。一般来说，比较明显的区别是，治疗师接受过针对处理情绪问题方面的培训，可以诊断情绪问题并帮助被教练者疗愈心理上的创伤，但是教练不关注诊断也不关注疗愈这些创伤。治疗与教练有着不同的潜在目的。在某些情况下，这种区别可能很微妙，尤其在进行活在当下的教练中。

不管有什么样的区别，下面这些是真实的：在教练中的被教练者在生活中做出勇敢的选择，经常感受到被治愈，感受到打破旧有的边界和模式，走出限制他们的困境去迎接挑战。但是教练的关注点不在于情绪问题及它们引发的关系问题，尽管情绪会在教练对话之中呈现，但绝不是教练的重点。只要教练关注三个原则和相关教练要素和技巧，他们就不会走出教练的边界。（教练在线工具箱囊括了国际教练联合会公布的为专业教练准备的道德标准，可登录http://www.coactive.com/toolkit获取。）

教练的承诺

作为教练你愿意为被教练者自我实现的人生和个人的发展投入多少？什么时候你会因不愿跨越自己的舒适区而停滞不前——特别是那些你非常喜欢与之工作的被教练者，然后发现你只是帮助他们实现了部分梦想，在某个范围内限制了他们的潜力，并且满足于现状？在什么情况下，你会选择一条容易的道路而不是充满挑战的对话？

不知不觉中，这种无意识的止步就会发生，它是对教练的提醒，让他们时刻与被教练者宏大的愿景连接，即使有时被教练者自己会忘记。同样领导者和管理者需要关注到更大的目标，而不是短期的压力。

被教练者期望教练给予他们100%的承诺。一定要注意，当教练陷入被教练者的故事之中而忘记提出问题时，应该让焦点回到被教练者身上，提供不同甚至相反的视角让被教练者不得不更清晰和严谨地去思考自己的立场。

被教练者向你描述他们想象中的事实真相，你不断点头附和，而不去对其潜在的假设提出质疑。例如，当被教练者说："我太忙了，太投入了，没有时间……"你需要好奇心。这可能是真的，被教练者真的过于繁忙，但也可能是被教练者不愿意面对艰难选择的借口，尽管这个选择有利于实现被教练者的长远目标。你可能会好奇："究竟被教练者的承诺是什么？"

作为教练，你也是敢于提问的榜样。教练的职责就是直言不讳，敢于表达不讨人喜欢甚至看似没有道理的反馈，目的是使被教练者能够发挥他们的潜力、达到他们自己定义的自我实现。就像之前提到的，如果他们的自我实现是不同凡响的行动，那么教练就会成为代表无畏勇气的声音。教练要愿意提出一些挑战的问题，或者说出一些令人难以接受的真相，即使被教练者并不希望听到。有时教练甚至甘冒可能被辞退的风险。有时教练自己也需要面对这个挑战的问题："究竟你的承诺是什么？"

对于管理者来说，区分真正的领导者的关键是：你是否愿意为你下属的发展投入。这确实是件很棘手的事情，因为你有管理职责，在教练之外你要对事情负责。你有责任向组织交付结果，有责任明确工

作方向，也同样有责任培养人才。当你进入教练角色之时，问题是相似的："究竟你的承诺是什么？"

对话示例

勇敢提问（教练）

教　　练：这是你的最终决定？

被教练者：是的，我决定尽快回到家乡，可能就在这个月内。

教　　练：我很吃惊。

被教练者：我知道。

教　　练：看，这是你的生活，凯西。你必须做出最好的选择，但是作为你的教练，也是绝对相信你的人，我不得不说现在我有些困惑。

被教练者：听上去你还有点生气。你肯定觉得我又自相矛盾了。

教　　练：难道不是吗？

被教练者：我厌倦了战斗。

教　　练：了解，我看到过你战斗。我看到过你面对那些没被录用的回绝信件，打着临时工，每天写到很晚。我看到过这种挣扎。你当时的决心来自哪里？

被教练者：可能我当时在自欺欺人。

教　　练：我不那么看，能再解释一下吗？如果你觉得不合适的话，请告诉我。

被教练者：就是感觉很绝望。

教　　练：我不记得"希望"在你的价值观列表中。我记得是梦想。我记得一位满怀激情和坚定决心的女士来到这座城市，为了她自己的生活和信念而奋斗着。

被教练者：我当时很天真。

教　　练：我也记得当时有很多疑惑，你也在失望中度过了很多日子。但我不相信这激情已经退却，我只是不相信。

被教练者：现在我的钱几乎花没了。工作很无聊，也没有任何乐趣。这也不是我梦想的生活。

教　　练：理解，我现在有个请求。暂停写作，也不要搬家，你能做到吗？

被教练者：如果我不继续写作，能达到什么目的呢？我需要按时交活儿啊。

教　　练：你累了，你的梦想也累了。休息一下。我们下周见面的时候看看情况怎么样。你愿意吗？你可以说不，我也不会强制你。但我以你的名义请求你，以那个相信自己是为写作而生的你的名义。

被教练者：好的，以我的名义。

勇敢提问（领导与管理者）

员　　工：你说你想聊一下。

管理者：是啊。

员　　工：听起来让我有不祥预感，我应该担心吗？

管理者：我看到你给艾伦的关于观星计划的邮件了。

员　　工：是的，我们落后了，现在看上去无法追上进度。我的个人关键绩效指标（Key Performance Indicator，KPI）估计就要泡汤了。

管理者：完成目标是重要的，这没问题。现在相对于进度，我更关心的是你的情况和你的角色。

员　　工：你也看了报告……供应商的问题、IT的问题、花费太大的问题……

Co-Active Coaching

管理者： 是，这个项目确实有太多的意外。但我想聊的是你的角色。这可能是一个非常好的职业发展机会。选了你上这个项目是因为你有能力和有管理类似项目的经历。这样，暂停一分钟，先别管那些问题，把注意力放在你自己的身上。你真正想要什么？

员　工： 太明确了，一个成功的项目，以及被大家认可之后晋升的机会。

管理者： 从外面看，你似乎在走自己的路。我对你还有信心，而且我的承诺还在。能告诉我"你承诺的是什么？"

员　工： 不同的人，不同的要求，不同的期限。我正在努力地让每个人都满意、快乐和高效。

管理者： ……你承诺的是什么？

员　工： 可能我在让人人都满意上用力太猛了，忽视了效率。

管理者： 再多说几句？

整　合

如同本书开始的描述，一场共创式的对话就像一场音乐不停变化的舞蹈。学习与实践都有一个过程，我们已经涵盖了这些内容并提供了练习让你成为一个更好的舞者。融会贯通的过程发生在真实的生活场景中，而不只是阅读文字。

如果你正在努力提升你的教练技能，请了解学习的曲线。拥抱自己还不完美的状态，并且从每次的经验中学习，能力就会自然地提高。

同样，这也是我们对被教练者与员工的邀请。我们尽可能营造一个安全的环境，因为学习成长需要突破舒适区，而且这个过程也不可能是一条直线，会有反复的情况发生，这就是学习的本质。

　　这种结果对于教练和被教练者来说都是值得的。在共创式关系之中一个不太明显但又很重要的特征是，同盟的双方都会获益。

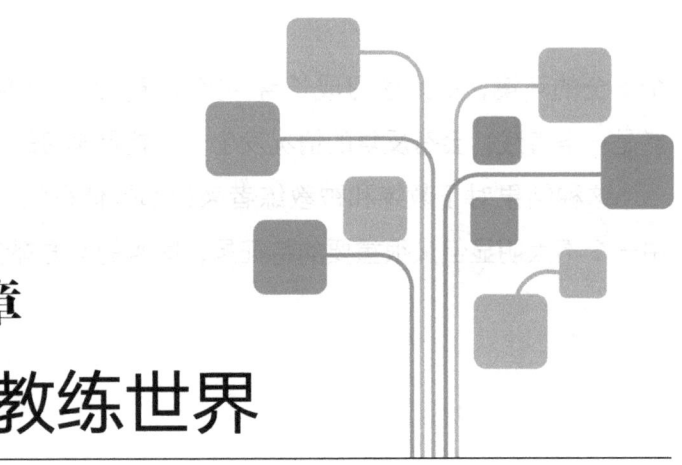

第12章
未来的教练世界

不断扩展的教练世界

在本书的第1版出版时，教练就已经进入了人们的生活和工作中，这种渗透表现在各个不同的领域和不同行业之中。过去教练主要在两个方面，为个人服务的私人教练和为企业领导者和管理者服务的商业教练。今天的教练已经进化或细分为很多不同的组合了。

教练于不同的人群，在他们人生的不同阶段及生活的各个领域给予支持：想探讨大学生活的青春期的孩子，面临职业选择的大学毕业生，准备结婚的情侣，面临工作变动的人，面临退休的人，甚至身患重症的病人。教练也可能专注于某类群体，如高管、工程师、医生、艺术家和音乐家、教师、问题少年、导演或者非营利组织的志愿者。

　　一些教练将他们的工作与其他兴趣领域相融合，包括户外活动，如漂流和攀岩。这些活动本身对于关注目标设定和责任担当的教练来说，就是生动的比喻。有些教练专注财务规划、公共演讲、时间管理，以及减肥和健身。 许多教练将教练与相关服务结合，其中可能包括战略规划、沟通培训或领导力发展。

　　在本书中，我们着重于一对一的个人教练，而教练专业领域中发展最快的部分包括为团队提供服务的团队教练和为夫妻、合伙人及家庭提供服务的关系教练。对此种教练服务，所有原则、要素和教练技能仍然适用，但"教练对象"是团队或关系。团队或关系是由有着不同个性和价值观的成员组成的生态体系；显然，团队目标不同于单个团队成员的目标总和。 团队作为整体远远大于各个部分的汇总。

　　然而团队无法绕开每个成员的个性、优先排序、态度和渴望。随着组织越来越重视团队以提高生产力，这对教练来说将是一个继续扩大的市场。团队教练从本质上讲更加复杂，它需要特殊的专业的技能和能力，并且需要具备对团体动力的洞察。 教练团队是一个需要高度投入来面对混序和不确定，面对各种情绪起伏，但又鼓舞人心的过程。

　　除常见的职业教练之外，不断扩展的教练世界还包括工作场所中具备教练专业技能的人员，正如我们在对话示例中所看到的，它还包括领导者和管理者在日常工作中使用的教练技能。

　　如今，教练代表着一个全球性行业，年产值超过20亿美元，成为领导者、管理者和企业家的主要支持系统。我们看到行业的发展吸引了大量优秀的专业人士，我们看到对维护高品质服务和职业规范的承诺，我们在全球培训了数以万计的教练，我们见证了教练对个人生活和组织绩效产生的巨大影响。毫无疑问，在过去的20年里，教练已赢

Co-Active Coaching

得了备受尊敬的地位，它为每个被教练者的成长改变，提供了定制化的、可靠的、行之有效的支持系统。

教练关系

对于那些为企业或组织中提供一对一或团队教练的教练来说，需要考虑教练关系的另一个层面——来自关系中三个方向的动力，教练、被教练者和组织。教练需要建立三方的同盟。保密的原则和范围一定要明确，角色的职责需要分清。组织是否期待来自教练和被教练者的报告？谁设定教练的目标和验收条件——被教练者还是组织？如果期待有效的教练，被教练者必须真心实意地投入，要不然，教练就成了一种用于给员工施压的手段。

一些组织坚持认为教练只需要关注绩效目标；在其他组织中，教练被鼓励帮助被教练者澄清并追寻内心价值与渴望，达成自我实现，即使因此他们可能离开组织。一个充满动力的员工会在组织中发挥巨大的力量。许多组织都意识到，缺乏动力的员工会消耗组织的能量。

企业教练

我们从经验中知道，共创式模型对于在组织内部教练和外部教练一样有效。多年来我们收到为不同组织服务的内部教练的反馈，有大型组织、中小企业，也有代理商和非营利组织。我们也意识到为了使教练更有效，被教练者和组织的差异必须被充分考虑。

这里再次强调，企业教练、被教练者及组织或赞助者之间有着三个方向的势能。有时情况可能非常敏感，根据我们的经验，最好的方法是在建立教练同盟关系的早期，就将三方召集起来明确各自的角色

ᐟ

和期望。对于企业教练来说，弄清教练关系的边界尤为重要。

▢ 教练作为其他工作的辅助

真正的蜕变是需要时间的，而且非常需要支持与关注。教练是一种理想的支持蜕变的方式，被教练者在过程中获得新的洞察和学习。工作坊、培训或封闭式强化训练都会对改变有显著的影响，但是这种影响会因为个体离开了特定的体验环境而逐渐消退。

教练不断地激活学习过程，实际上它不断给最初播下的种子提供营养。作为一种持续蜕变的手段，咨询师和团队领导者越来越多地学习教练技巧。有经验的教师、引导者和项目管理者也通过结合教练的方式，来持续他们的探索和体验。

任何系统，包括人类和自然界的其他生物，都本能地抗拒改变。惯性是一种让一切按照既有方式运行的强大力量，并会阻抗外力试图把系统拉回原有的轨道。但是在每个系统之中，也有一种伴随改变而来的紧迫感。在人类的世界中，这种紧迫感看上去需要更多的鼓励和支持。教练是维持蜕变力量的一种理想的机制。

▢ 太多的选择

在教练广泛多样的工具和方法中，本书所触及的仅仅是个开始，对准备开始实践的教练，还有很多可供参考的书籍和资料。从我们的经验看来，你对自己清晰的定位、你的热情，以及你的使命感最为关键。当与你真正关心的人一起工作时，你将会更加成功，并且获得更多的灵感。

对于你来说，请记住你是在教练核心原则之上进行工作，所以请在设计你如何教练赋能被教练者的形式的同时，与你自身的价值观共

鸣并实现自己的自觉选择。让这个设计使你能够充满爱地活在当下。换句话说就是实践你所传播的信念。

对于不同对话的教练技巧

教练不仅是一种专业技能，也是有特定基本原则和目标的对话媒介。这种形式的对话同样适用商务会议、领导力课程、教师和孩子们的沟通甚至家庭成员间的沟通中。教练对话强调开放地聆听、相互尊重、澄清、愿意面对并参与到有挑战甚至情绪化的对话之中。丹尼尔·戈尔曼在情商上的成就让世界对这类开放式沟通有了更多的认知和认同，特别是情商作为领导者必备能力已被广泛接受。今天，过去被专业教练所采用的技巧也慢慢融入所有的对话之中。

这个融入的过程在职场尤为明显。不仅仅教练的技巧被越来越多地应用在领导者与管理者的对话中，而且越来越多的组织更多地投入与教练相关的培训资源。人们意识到，在企业中教练方式带来的变革力量不仅来自技能的学习，或者与下属对话时使用技巧的领导者。归根结底，这种力量来自创造一种教练文化。

想象一个世界

回到1998年，我们描述了一个想象中的世界：教练和教练技巧已经成为人类关系的一部分。今天，这仍然是我们的愿景，但这个想象中的世界已经越来越多地在真实的世界中出现了。

我们这些从事教练培训和教练服务的人了解教练对人们生活的巨大影响。这也是我们能够对蜕变抱有十足信心的原因。我们经常能在被教练者身上看到这种影响。我们也能从自身的生活中感受到这种力量。现在教练正从少数人的圈子向外扩展到整个世界，扩展到每个人的生活中。

想象一个核心教练技巧和方法被广泛应用的世界，不仅是教练，而是每个人都能使用这些技巧和方法。如果每个人都假设周围所有的人都期望着自我实现、自觉选择和活在当下，如果教练关系中的基本常识已经融入每个人的生活，那么想象一下世界会是什么样的。

如果这个世界教练的三大原则随处可见，人们愿意为自我实现的生活而努力。人们将不甘于忍受平庸的生活，并且更愿意发挥自己的天分和技能来充实有意义的人生。孩子们会了解自我实现不是等到某一天你有钱有名了才会发生，而是每时每刻都发生在那些走在自我实现道路上的人身上。

想象一下，世界上的每个人都有着非常精彩的愿景，充满选择和意义。想象一个充满激情的世界，完全投入的人们决定为了活出更好的自己和更好地影响他人而勇于改变。这个世界将充满每个人的努力和馈赠，而不是简单的抱怨，不情不愿地在办公室的桌旁、工厂的机器边还有商场的柜台前消耗自己的生命。

在想象的世界里，尽管人们可能还是有着相同的工作，但他们会有完全不一样的参照体系，会有完全不一样的精神状态。工作的价值会发生改变，因为它已经不再是一份工作，而是你因自我实现而对世界产生的贡献，你为你的工作而自豪。

想象一个教练精神散布到地球各个角落的世界：在人际关系中、工作氛围里，在国家与国家的关系中。想象如果人们在开始某个项目或某个关系之前就建立同盟的场景。如果人们完全真实而坦诚——即使面对令人难以接受的真相，也感觉无须防御，世界将会怎样？想象

一下如果人们很自然地说出真话，我们的政治体系将发生什么变化。

想象一下，在工作中、家庭中、学校里，甚至各国政府之间共创式对话已经成为一种常态的对话方式。诚实、尊重、好奇且投入地沟通，深度聆听带来更多的共情，投入的行动出自彼此的关爱。

想象这样一个世界，每个人都全然地聆听，聆听每个词汇背后的含义。假如我们相信自己和孩子们有无限的可能性，而不是只看到每个人的局限；假如人们期待看到卓越而不是失败或不足，把失败当成学习的机会而不是耻辱；假如人们赞美优势而不是挑剔缺点，世界会怎么样？

这将是一个充满好奇心、新奇感并且有着深度聆听的世界。这将是人们投入行动和承诺，并期待一起努力、共同承担的世界。在这个世界中，人们将言行一致、真实地做自己。

在这个世界中，学习和成长要胜过舒适和面子。想象这个精彩异常的愿景慢慢地、生机蓬勃地生成，世界充满了支持、鼓励及喝彩。想象一下，这将是一个全新的世界。

词汇表

承担责任（Accountability）。承担责任是让被教练者对他将要做事情的承诺负起责任。它源自三个问题：（1）你会做什么？（2）你什么时候做？（3）如何能让我知道？承担责任没有指责和评判。相反，教练帮助被教练者对自己的愿景和承诺负责，对自己的行动结果负责。如果需要，被教练者会就责任对自己、他人、支持者，或者教练做出承诺。

肯定认可（Acknowledgment）。肯定认可让被教练者看到走向成功的自己，并且意识到自己所获得的成就。这种表达来自对被教练者深层次的了解，会让对方感受到被看见、被懂得。

【例】"我知道是十足的勇气才使你能够出现在这里，面对这场艰难的对话。"

大议程（Big agenda）。大议程是指全景视角，或者被教练者针对宏观图景如何选择与行动。这里被教练者会对自身有更深的了解。大议程的核心是共创式模型的三个原则：自我实现、自觉选择、活在当下。它假设被教练者希望：（1）有自我实现的生活。（2）自觉选择以达到生活的平衡。（3）有真正活在当下的人生体验。教练在与被教练者交流中时刻把握着被教练者的大议程。

小议程（Little agenda）。小议程是由被教练者当前的需要、生活中的具体境遇或当前的话题构成的。小议程会关注某个具体的事件，

以及对于这个事件被教练者如何选择，或者被教练者将采取哪些相关的行动。

描述现状（Articulating what's going on）。这个技巧指教练告诉被教练者自己注意到的被教练者的语言和行为。表达的内容可能来自教练从第二层次的聆听所听到的，也可能是通过第三层次的聆听感知到的被教练者未曾表达的信息。有些时候，只需要简单重述被教练者所说的话就会产生很大影响，被教练者会因此真正听到和看到自己。

【例】"麦克，我知道你非常想改善你与经理之间的关系，但听上去你用了和往常一样的方式回应他，感觉你有无力感，没有说出你真实的感受。"

征求许可（Asking permission）。这个技巧邀请被教练者为教练关系授权，得到被教练者许可，触及和探索那些敏感或不舒适区域。

【例】"我能说一个可能让人难以接受的事实吗？""你愿意就这个敏感的议题被教练吗？""我能告诉你我看到了什么吗？"

简言（Bottom-lining）。简言是使教练和被教练者说话能够简明扼要的技巧，也是让被教练者直对话通本质而不是絮絮叨叨讲述故事的技巧。

头脑风暴（Brainstorming）。使用这个技巧，教练和被教练者一起生成新的想法、更多的选择和可能的解决方案。这是一个创造的过程，要求参与者不带判断，即使对那些有点疯狂或不切实际的想法。教练和被教练者都对这些想法没有倾向性。

挑战（Challenge）。挑战是指教练为了拉伸被教练者提出的要求，目的是使其走出自我限制的舒适区，并重新认识自己。挑战的形式跟提出要求一样包括：（1）与被教练者议题相关的明确的行动。

（2）达成的条件和标准。（3）完成的时间或日期。被教练者会接受、拒绝或讨价还价。很多情况下，即使被教练者讨价还价，也会让他们超越原先的想法。

【例】被教练者想通过打推销电话来增加自己的销售量。他认为一天只能打一个这样的电话。你挑战他说："我想你一天能打50个这样的电话，你能接受这个挑战吗？"被教练者会还价说："我想我一天能打7个。"

喝彩助威（Championing）。喝彩助威是指当被教练者质疑自己的能力时，教练为他们摇旗呐喊。尽管被教练者缺少自信，但是教练真诚地相信被教练者和被教练者的潜能。教练的鼓励也让被教练者看见自己和自己的潜能。

澄清（Clarifying）。当被教练者不能够清晰表达他们的需求和方向时，教练可以帮助澄清他们的想法。澄清可以用在被教练者感到迷惑或不确定，以及期望模糊的时候。这个技巧是提问、重新组织、清晰表达的一个综合应用。一般在探索和发现的过程中使用。

释放（Clearing）。被教练者和教练都可能受益于这个技巧。当被教练者陷入某种情绪或精神状态，影响了他们表达或行动能力时，教练会扮演一个积极的聆听者来聆听他们的抱怨或发泄。这个技巧以释放当前的情绪为目的。这种积极的聆听使被教练者能够暂时释放当前的情绪从而关注下一步的计划。当教练被与被教练者的互动或自己的问题干扰而无法摆脱时，也可以进行释放。教练可以把他的体验或心结分享给同事或朋友，以此来保证他们可以全身心投入教练服务。释放是有时间限制的，教练不用过于关注被教练者释放的内容，或者针对内容产生新的对话。这只是为了使被教练者与教练都能投入教练过程的一种方式。

与当下共舞（Dancing in this moment）。当教练与被教练者共同投入、把握被教练者的议程、跟随直觉和被教练者的引领时，就是在与当下共舞。教练与当下共舞时，他们会伴随被教练者的步伐，走向任何地方。

建立同盟关系（Designed alliance）。教练和被教练者在探索阶段就开始建立他们的同盟关系。被教练者和教练都会积极参与建立教练关系的过程中，以确保被教练者从教练关系中获得最大的收益。建立同盟关系需要不断回顾并做出相应的调整。

设定目标（Goal setting）。被教练者通过设定和达到目标来实现自己的大议程。目标使他们专注也使他们朝着理想中的自己不断靠近。目标和行动有所不同，目标是行动所期望的结果。在共创式模型中，目标应该是具体的（Specific）、可衡量的（Measurable）、可承担责任的（Accountable）、有共鸣的（Resonant）和令人兴奋的（Thrilling）（首字母组合起来就是SMART）。

为教练关系赋能（Granting relationship power）。教练关系不等同于被教练者+教练。因为教练的能量储存在教练与被教练者的关系中，而不在某一方或两个个体身上，教练和被教练者双方共同创建良好的教练关系最终会使被教练者获益，所以双方都需要为关系赋能。

关注被教练者的议程（Holding the coachee's agenda）。当教练关注被教练者的议程时，他们放弃了自己的意见、判断和答案，聚焦于支持被教练者的自我实现、自觉选择和活在当下。跟随着被教练者的引领，而不需要知道正确的答案、给出解决方案或告诉被教练者该如何去做。关注被教练者的议程需要教练把全部注意力放在被教练者和被教练者的议程之上，而不是关注自己的议程。

把持焦点（Holding the focus）。一旦被教练者选择某个方向或找到一组行动，教练的职责是保持他们的方向。被教练者很容易被生活中的琐事、面对巨大改变的恐惧和迷茫或仅仅是太多的选择所干扰，从而失去焦点。教练时刻提醒被教练者并帮助他们重新把能量聚焦到他们设定的愿景、期望的结果及人生的选择之上。

思考题（Homework inquiry）。教练给被教练者留下强有力的问题作为思考题，目的是加深被教练者的学习并启发进一步的思考和反省。被教练者被要求在两次教练之间或更长的时间段内思考这些问题。一般来说，每次的思考题会基于被教练者的教练话题或场景。思考题不止一个答案，而且也没有一个所谓的"正确"答案。

【例】"你在忍受什么？""什么是无所畏惧？""挑战是什么？"

打断/介入（Intruding）。当被教练者在不断重复自己或者讲述老生常谈的故事时，教练需要打断或唤醒被教练者。教练因为被教练者的议程而打断他们，并指出一个特定的方向："停一下，这件事情的核心是什么？"介入在某些文化背景下会显得有些突兀。然而，在共创式教练中是直接沟通的方法，它让被教练者诚实地面对并处理当下的状况，介入有时意味着说出让人难以接受的真相。

【例】"你在欺骗自己吗？"或者可能是简单地对正在发生的事情提问："在所有你的描述里，什么是最重要的？"

教练可以用很多种方式进行介入："暂停一下，你究竟想要什么？""停！这不会帮到你的。"

直觉（Intuiting）。直觉是进入和相信自己内在智慧和感受的过程。直觉是没有被思维所控制的直接感受。直觉的过程是非线性且非理性的。有些时候通过直觉获得的信息会让教练觉得不合逻辑，但这些信息很可能对被教练者意义非凡。直觉意味着冒险和相信自己的内心。教练说出自己的直觉，如果被教练者对此信息没有感觉的话，教

练不要纠结和在意。

【例】"我有种预感……"

"我感觉到……"

"这似乎是个题外话,但当你描述情况的时候,狮子的形象就出现在我的脑海中。这对你有意义吗?"

聆听(Listening)。教练通过言语和举止聆听被教练者的愿景、价值观、承诺和意义。聆听是带着意识去探询。聆听的目标和焦点来自与被教练者建立的同盟关系。教练聆听被教练者的议程,而不是根据自己的想法为被教练者确定议程。在共创式模型中,教练通过被教练者的故事听到自己的思想、判断或意见的时候,他们处于第一层次的聆听;而共创式教练过程发生在关注被教练者的第二层次聆听及关注全局的第三层次聆听中。

做出区分(Making distinctions)。这是帮助被教练者区别两个或以上概念、事实或想法,并从一个全新视角观察的一种方式。例如,被教练者有时可能把两个事实或概念混在一起并产生消极的信念。这种信念好像代表了生活中的事实,但情况并非如此。

【例】"我是个失败的人,又未能升职。"(把升职失败与失败者等同。)

"如果赚到钱,就证明我很成功。"(把钱与成功画等号。)

"如果请求帮助的话,别人会认为我没有能力。"(把请求帮助与无能或无助等同。)

比喻(Metaphor)。比喻是使用象征性的例子或图像来说明一件事。比喻有的时候比冗长的描述更为有效。

【例】"你马上就要冲过终点线了,加油,你一定能赢得比赛!"

"你一直在空挡的状态,如果换挡会发生什么?"

"你就是让团队凝聚的黏合剂。"

全景视角（Meta-view）。全景视角是一个扩展视角之后的宏观图像。教练使被教练者与具体的问题拉开距离（或者让被教练者自己拉开距离），通过扩展后的视角来审视当下的议题，并反馈给被教练者。

【例】"如果你的职业生涯像一条路的话，我们坐着直升机从上面飞过，你会看到什么？"

不同视角（Perspective）。不同视角是教练带入教练关系中的礼物——不一定是"正确"的视角，仅是其他的观点。教练的职责是邀请被教练者通过不同的角度审视他们的生活和面临的问题。当被教练者被卡在从唯一的视角来看待事物时，他们常常会失去灵活的思维并且感到是环境的受害者。当他们能够重新审视自己的观点，并从不同角度看待生活或具体的问题时，他们能够看到蜕变的可能性，更有动力前行。在改变视角的瞬间就打开了被教练者更多的可能性，尤其是在被教练者感觉受困于环境时更为有效。

制订计划（Planning）。教练帮助被教练者澄清他们愿意前进的方向，并积极跟进他们的进展情况。被教练者不断得益于教练对他们制订计划和时间管理方面的支持，在此过程中，也帮助被教练者发展这些领域技能。

强有力的问题（Powerful questions）。强有力的问题激发行动、探索、洞察、明确目标和承诺。它创造更多的可能性、新的学习或更清晰的愿景。强有力的问题是开放式问题，答案不会只有"是"或"不是"。这些问题来自被教练者的议程，不是深化被教练者的学习，就是推进被教练者的行动。

【例】"你想要什么？""接下来是什么？""你如何开始？""你付出了什么？""对你重要的是什么？"

换框重组（Reframing）。通过换框重组，教练对原始信息进行新的诠释并为被教练者提供全新的视角。

【例】被教练者刚刚知道她已经成为公司竞争激烈的高管职位的第二候选人。她有些沮丧并且质疑自己的专业能力。教练换框重组这个场景，指出在竞争如此激烈的领域成为第二候选人意味着对被教练者的专业度和过往经验高度认可。

提出要求（Requesting）。提出要求是非常有力的教练技巧。提出要求基于被教练者的议程，用来推动被教练者的行动。提出要求包括具体的行动、衡量标准及完成的时间或日期。要求之后，会有三种可能的结果：（1）接受。（2）拒绝。（3）讨价还价。教练不要对被教练者的回复有任何的倾向，三个中的任何一个选择都是进一步探索被教练者学习的可能性。

心魔（Saboteur）。心魔是一组总想保持原来状态的想法或感受。它经常以保护人们的形式出现，但实际上它阻碍了人们寻求真我的前进步伐。心魔总是与人们相随，它们本没有好坏一说，只是在那里。当人们意识到它的存在、发现当下有很多选择并且有意识地选择通向目标的具体行动时，心魔就会渐渐失去力量。

自我管理（Self-management）。这个技巧让教练有能力把自己的偏见、观点、偏好、评判或信念放到一边，专注于被教练者的议程。自我管理发生在当教练愿意为被教练者的学习与成长让路，回到与他们的深度连接，引领对话的过程中，并保持被教练者的议程。

提示方法（Structures）。提示方法是一种即时提醒被教练者的愿景、目标、意义或需要实施的行动的具体方法。拼图板、日历、语音信箱的消息甚至闹钟都可以作为提示方法。

引领（Taking charge）。教练为了更好地服务于被教练者的议程，选择或引导教练的路径。有时被教练者会突然陷入具体的问题而忘记什么才是最重要的，这个时候教练需要提醒被教练者，引导被教练者回到对他们重要而有意义的轨道上。

价值观（Values）。价值观代表了你是谁。这些是你认为对生命重要的原则。人们经常把价值观和道德混淆，但这是不同的概念。价值观不是被选择的。价值观是你内在本质的东西，就像你的指纹一样区别于他人。

愿景（Vision）。这是出现在人们脑海中独特而丰富的图景，这个图景激励着被教练者完成一个又一个行动，并且组成了人们的人生画面。一个伟大的愿景是精彩的、令人兴奋的、有吸引力的，持续激励着被教练者去实现它。愿景给被教练者提供了人生的方向和意义，在工作环境之中同样有效。为团队创建愿景一样会激励所有的团队成员。

见证（Witnessing）。见证意味着真正与被教练者在一起。这个技巧能够创建一个让被教练者完全表达自己的空间。当教练见证被教练者的学习和成长时，被教练者会感受到更深层次的被看见和被了解。

关于作者

亨利·吉姆斯–霍斯

亨利·吉姆斯–霍斯是20世纪80年代首批专业教练之一，是世界上最大的教练培训机构——CTI的联合创始人和其体验式学习项目的首席设计师。CTI和共创哲学已经改变了全世界6万多名管理者、领导者和教练的生活和职业生涯。作为一名演员，从九岁开始，亨利通过传统戏剧训练和多年的舞台、电视和电影经验，磨炼了他对人类情感和叙事过程的洞察力。亨利深信，教育应该由体验式的、基于情境的学习来推动，而不是下载枯燥的信息，因此他致力于创造丰富的、引人入胜的、变革性的学习环境。

凯伦·吉姆斯–霍斯

凯伦·吉姆斯–霍斯，CTI 联合创始人。CTI是世界上最重要的教练培训机构。作为教练行业最早的专家之一，她于1992年与劳拉·惠特沃思和亨利·吉姆斯–霍斯共同创立了CTI。他们共同创造了共创式关系的哲学，为CTI享誉全球的教练和领导力项目提供了指导。

作为一名成功的企业家，凯伦在加入CTI之前创立了几家企业。她致力于在充满挑战的环境中和与陷入困境的人群开拓合作，凯伦继续领导CTI项目，并在世界各地进行主题演讲。她和丈夫亨利·吉姆斯–霍斯致力于完成促进全球变革的使命。

菲利普·桑达尔

菲利普·桑达尔，国际团队教练（Team Coaching International，TCI）的联合创始人。TCI的使命是：将教练的变革力量带给组织中的团队。桑达尔和共同创始人亚历克西斯·菲利普斯是团队有效性模型的创造者，该模型包含四种综合评估工具和一套被全球众多团队使用的团队教练方法。最初的团队诊断评估有20多种语言版本，现在在50多个国家有经过培训的、认证的TCI团队教练/引导者，包括外部教练从业者和内部HR等。

桑达尔也是CTI的前高级教员。他在国际教练行业发展中发挥了重要作用，是团队教练领域的先驱。桑达尔是一位国际知名的教练、培训师、作家和演说家。

遗憾的是，桑达尔于2020年4月去世。

劳拉·惠特沃思

作为专业教练领域的早期开拓者，劳拉·惠特沃思从1988年开始训练高级管理人员、企业家和其他专业人士。劳拉是CTI、高管培训峰会（Executive Coaching Summit）、个人和专业教练协会（Personal and Professional Coaches Association）、教练培训组织协会（Association of Coach Training Organizations）、改变监狱项目（Time to Change Prison Project），以及伟大的游戏公司（Bigger Game Company）的联合创始人。劳拉于2007年2月在与肺癌长期斗争后去世。

反侵权盗版声明

　　电子工业出版社依法对本作品享有专有出版权。任何未经权利人书面许可，复制、销售或通过信息网络传播本作品的行为；歪曲、篡改、剽窃本作品的行为，均违反《中华人民共和国著作权法》，其行为人应承担相应的民事责任和行政责任，构成犯罪的，将被依法追究刑事责任。

　　为了维护市场秩序，保护权利人的合法权益，我社将依法查处和打击侵权盗版的单位和个人。欢迎社会各界人士积极举报侵权盗版行为，本社将奖励举报有功人员，并保证举报人的信息不被泄露。

举报电话：（010）88254396；（010）88258888

传　　真：（010）88254397

E-mail：　dbqq@phei.com.cn

通信地址：北京市万寿路 173 信箱

　　　　　电子工业出版社总编办公室

邮　　编：100036